Herderbücherei

Band 1091

Über das Buch

Versöhnung zwischen Christen und Juden, zwischen Deutschen und Israelis – das ist das große Lebensthema des Schriftstellers und Theologen Schalom Ben-Chorin. Als junger Mann konnte sich der gebürtige Münchener dem Zugriff des Naziregimes entziehen. Im Lande Israel fand er eine neue Heimat. Doch sosehr er sich auch im Lande seiner Väter verwurzelt weiß – immer wieder kehrte er nach Europa und vor allem nach Deutschland zurück, um die zerstörten religiösen und kulturellen Verbindungen neu zu knüpfen. Ein mühsames Beginnen, dem nicht nur Auschwitz entgegensteht. Alte Vorurteile bis in die Theologie hinein machen es schwer, die schicksalhafte Einheit von Altem und Neuem Bund zu verstehen. In diesem Originaltaschenbuch schildert Ben-Chorin seinem Gesprächspartner Karl-Heinz Fleckenstein, wie er, als Jude, die Wandlungen der Nachkriegsjahre erlebt und gesehen hat und warum er, trotz allem, voller Zuversicht ist, daß die Versöhnung gelingt. Ein bewegendes Bekenntnis zu den Quellen unseres Glaubens.

Über die Autoren

Schalom Ben-Chorin, geboren 1913 in München, lebt seit 1935 in Jerusalem als freier Schriftsteller, Journalist und Theologe. Er ist durch zahlreiche Publikationen zum christlich-jüdischen Verständnis bekanntgeworden.

Karl-Heinz Fleckenstein, Jahrgang 1940, war lange Chef-Redakteur eines deutschen ökumenischen Monatsmagazins. Heute lebt er ebenfalls in Jerusalem und beschäftigt sich dort mit wissenschaftlichen Studien zur biblischen Archäologie.

Schalom Ben-Chorin

Mein Glaube – mein Schicksal

Jüdische Erfahrungen
mitgeteilt im Gespräch mit
Karl-Heinz Fleckenstein

Herderbücherei

Originalausgabe
erstmals veröffentlicht als Herder-Taschenbuch

Buchumschlag: Werner Bleyer

Herder Freiburg · Basel · Wien
Herstellung: Freiburger Graphische Betriebe 1984
ISBN 3-451-08091-5

Inhalt

(Foto: Peiser, München)

Schalom Ben-Chorin –
Fritz Rosenthal als Siebenjähriger
1920 in München.

Jugendjahre in Deutschland

Herr Ben-Chorin, Sie lebten bis zu Ihrem 22. Lebensjahr in Deutschland. Ihre Kindheitsjahre verbrachten Sie im bayrischen Planegg, unweit des Wallfahrtsortes Maria Eich. Was verbinden Sie mit diesen ersten Eindrücken der katholischen Umwelt?

Es verbinden mich viele positive Eindrücke mit dem Land meiner Herkunft. Es sind Erlebnisse, die sich nicht nur auf Menschen, sondern auch – ich möchte sagen in einem sehr starken Maße – auf die Landschaft Bayern und auf die Stadt München erstrecken, in der ich großgeworden bin, deren Straßen, Plätze, Gebäude mir kindvertraut geblieben sind.

Eine meiner frühesten Erinnerungen geht auf einen Kapuzinerpater zurück, der mich einmal, als ich an der Hand unserer Resi, – so hieß unser damaliges Dienstmädchen – zu der Wallfahrtskapelle Maria Eich ging, fragte: „Hast du den Heiland gern?" Als Dreikäsehoch von drei Jahren verstand ich nur „Heilandstern". So ging dieses poetische Wort „Heilandstern" in meine Kindersprache ein. Ich verband damit noch keine reale, geistige, doch eine optische Vorstellung, nämlich den Christus am Straßenkreuz.

Erst viele Jahre später wurde er für mich zu einem furchtbaren Erlebnis, als mich in der Karwoche katholische Mitschüler auf einem Spielplatz in München, dem sogenannten Hirschanger, umstellten und in bedrohlicher Weise der Kreuzigung Christi bezichtigten. Hier mußte ich nun erfahren, wie dieses furchtbare Wort aus dem Matthäusevangelium „sein Blut komme über uns und unsere Kinder" sich bis in unsere Zeit hinein fortgesetzt hatte. Eine solche Beschuldigung wirkte natürlich auf mein kindliches Gemüt sehr verwirrend und wurde noch durch einen pädagogisch nicht gerade sehr begabten Lehrer verstärkt; denn dieser erklärte uns eines Tages, daß im Kopf des Hechtes die Marterwerkzeuge Christi zu erkennen seien; weil in der Stunde der Kreuzigung, als alle Kreatur sich versteckte, der Hecht aus dem Bach geblickt hätte, um dieses schreckliche Geschehen mit anzusehen.

Diese Schulstunde hinterließ auf mich einen solch tiefen Eindruck, daß ich meine Mutter bat, ein Fischgericht zu kochen. Aber es mußte unbedingt ein Hecht sein. Als ich endlich den Kopf des Tieres untersuchen konnte, fand ich keine Spur der genannten Marterwerkzeuge. In der nächsten Schulstunde berichtete ich dem Lehrer darüber. Seine lakonische Antwort lautete: „Die jüdischen Schüler können das nicht verstehen." Jetzt begriff ich überhaupt nichts mehr, denn wie sollten wir den Befund des Fischkopfes anders zur Kenntnis nehmen als unsere christlichen Klassenkameraden?

Allerdings hatten solche Erlebnisse auch etwas Positives an sich, da mein Interesse durch gewisse „spanische Wände" hindurch am katholischen Religionsunterricht geweckt war. In diesen sogenannten Freistunden mußten wir jüdischen Kinder uns in den letzten zwei, drei Bankreihen still beschäftigen. Oft hatte ich dann den aufgeschlagenen Katechismus vor mir auf den Knien liegen und sagte meinen Mitschülern auf deren Wunsch ein. Auf diese Weise lernte ich den christlichen Glauben recht gut kennen ...

Spüren Sie aufgrund dieser Tatsache nicht sozusagen zwei Seelen in Ihrer Brust, eine jüdische und eine christliche?

Ich glaube, daß ich – soweit man das über sich selbst sagen kann – eine hebräische Seele habe; denn nach einer rabbinischen Legende standen alle Geschlechter Israels beim Bundesschluß am Sinai, und ich habe das sichere Empfinden, daß meine Seele mit dabeistand. In diesem Zusammenhang möchte ich an ein schönes Wort meines verstorbenen Freundes, des Dichters und Denkers Max Brod erinnern. Dieser sagte einmal: „Die Gipfel sehen einander." Ich glaube, das läßt sich sehr wohl auf die Heilsgeschichte übertragen. Die beiden Gipfel, die ich hier sehe, sind Sinai und Golgotha. Am Sinai standen alle Generationen Israels; unter dem Kreuz von Golgotha sehe ich die unendliche Schar der Zeugen ihres Herrn; denn was wäre das für ein Christ, der nicht seine Schuld unter das Kreuz von Golgotha trüge? So stehen sie einander gegenüber, die Gemeinschaft Israels und die Ekklesia, die Herausgerufenen aus allen Völkern. Sinai und Golgotha sehen einander. Wir sind aufgefordert, von diesen Gipfeln der Heilsgeschichte aus uns ins Antlitz zu blicken. Und ich meine, daß meine Seele weit genug ist, um auch die anderen zu verstehen, sie zu empfangen, ohne daß dies zu einem Synkretismus führen müßte.

In diesem Zusammenhang ist für mein Leben ein Wort Jesu entscheidend geworden: „Wenn dich einer nötigt, eine Meile mit ihm zu gehen, gehe zwei mit ihm." Ich meine, wir sollten zwei und drei und vier Meilen miteinander in der gemeinsamen Wegrichtung auf das Reich Gottes hin gehen. Ich vergleiche gern die Religionen mit Parallelen, die sich im Unendlichen schneiden. So treffen sich wohl auch der jüdische und der christliche Weg in einer dialogischen Korrelation, im Unendlichen, in Gott.

Sie verloren Ihren Vater schon sehr früh. Welche Auswirkungen hatte dieser Tod auf Ihr kindliches Gemüt?

Bis zu seiner schweren Krankheit habe ich eigentlich meinen Vater wenig gekannt. In seinem Beruf als Geschäftsreisender war er sehr häufig unterwegs. Nun saß ich in den letzten Monaten seiner Bettlägerigkeit sehr oft bei ihm und las ihm vor. Und ich muß sagen, wir kamen in dieser kurzen Zeit einander sehr nahe.

Der frühe Heimgang meines Vaters, mit 54 Jahren, bedeutete damals einen tiefen Einschnitt in meinem Leben. Die Familie bestand jetzt nur noch aus meiner Mutter und meiner um sechs Jahre älteren Schwester. So war ich sozusagen als Elfjähriger der einzige „Mann" im Haus. Diese Tatsache führte bei mir zu einer sehr früh entwickelten Selbständigkeit.

Heute bin ich fast 15 Jahre älter als mein Vater. Ich muß Ihnen gestehen, es war ein seltsames Empfinden, als ich mich seiner Lebensgrenze näherte; ich hatte das logisch nicht zu beweisende Gefühl – Gefühle sind ja von der Ratio her nicht zu überprüfen – als könnte ich gar nicht mehr weiter leben; denn man kann doch nicht älter als der eigene Vater sein. Aber gerade in solchen Situationen wird einem mehr denn je klar, daß man seinen ganz persönlichen Weg zu gehen hat ...

Als Sie das erstemal mit zehn Jahren bewußt in der Bibel, dem Heiligen Buch Ihrer Väter lasen, ist Ihnen damals schon etwas von diesem persönlichen Weg aufgegangen?

Der Anlaß war das am politischen Horizont heraufziehende Naziregime. In dem Unheilsjahr 1923, als wir uns gewissermaßen in unseren vier Wänden verbarrikadierten, stellte ich die kindliche Frage: „Warum müssen wir uns denn vor der Umwelt fürchten? Was haben wir unseren Nachbarn zuleid getan?" Man antwortete mir: „Weil wir Juden sind. Du kannst das noch nicht verstehen." Aber ich wollte mich nicht einfach mit einer solchen Antwort abspeisen lassen. Vielmehr hatte ich das Gefühl eines Wünschelrutengängers, der das Wasser unter der Erde spürt. Mir wurde bewußt, in diesem Buche, das irgendwo hinten im Bücherschrank stand, wirst du eine Antwort auf deine brennende Frage finden. Es war die Bibel in der ersten vollständigen jüdischen Übersetzung, die sogenannte Zunzbibel von 1837. Ich war fasziniert, als ich die Geschichte vom Auszug des Volkes Gottes aus Ägypten im Zweiten Buch Mose las, mehr als vom Schöpfungsbericht. Heute kann ich rückwirkend sagen: Gott als der Herr der Geschichte ist mir früher aufgegangen als der Schöpfer des Himmels und der Erde. Vielleicht liegt darin sogar ein spezifisch jüdischer Zug, nämlich der Blick vom Heilsgeschehen des Exodus her auf unsere eigene Geschichte. Unbewußt identifizierte ich mich, als zehnjähriger Knabe, mit den unterdrückten Hebräern in Ägypten, die durch Gottes Rettertat aus dem Haus der Knechtschaft geführt wurden. Ich spürte ganz klar, daß mich der Weg in das Land der Verheißung nach Palästina führen würde, obwohl ich noch keine Ahnung vom Zionismus oder einem jüdischen Nationalbewußtsein hatte. Aber es dämmerte schon in der Seele.

So war dieses innere Erleben so etwas wie eine Identitätsfindung?

So kann man es sicherlich bezeichnen; denn mir stand jetzt klar vor Augen, was es heißt, ein Jude zu sein, ein Nachkomme dieser geknechteten Hebräer in Ägypten, die zu einer neuen Freiheit, zu einer neuen Bindung durch das Gesetz Gottes gelangten.

Es dauerte aber noch weitere fünf Jahre, bis diese ersten Eindrücke sich klärten und ich beschloß, ein jüdisch-traditionelles Leben zu führen. Gleichzeitig nahm ich Kontakt mit der zionistischen Jugendbewegung auf. Da ich darin keinen Widerspruch sah, war ich sehr verwundert, daß es damals in Deutschland orthodoxe Juden gab, die erklärte Antizionisten waren, und Zionisten, die sich völlig areligiös verhielten. Erst Jahre später versuchte ich in meinem Buch „Die Antwort des Jona" (1956) eine Einheit herzustellen. Ich ging von der Antwort aus, die Jona im Seesturm gibt: „Ein Hebräer bin ich, und den Herrn fürchte ich, den Gott des Himmels, der das Meer und das Trockene geschaffen hat" (Jon 1,9). Im ersten Teil dieser Aussage sah ich die nationale Antwort des Judentums: Ein Hebräer bin ich. Der zweite Teil beinhaltet die universelle, monotheistische Antwort: Dem Gott des Himmels diene ich, der das Meer und das Trockene – gemeint ist das Weltall – geschaffen hat.

Nun konnte ich feststellen, daß im 19. Jahrhundert das Judentum, gerade in Mitteleuropa, nur noch den *zweiten* Teil der Jona-Antwort sah, also sein universell monotheistisches Bekenntnis, während unser Jahrhundert den Schwerpunkt auf den ersten Teil der Jona-Antwort legt, und nur das nationale Credo sieht: Ein Hebräer bin ich. Ich meine aber, daß beide Teile zusammen gehören. Diese Tatsache kam mir einige Jahre später, nämlich als Fünfzehnjähriger, am Weihnachtsfest 1928, ziemlich klar zum Bewußtsein.

Wieso gerade an einem christlichen Fest?

Sie müssen wissen, in meinem Elternhaus wurde Weihnachten zwar nicht als ein religiöses Fest gefeiert, wohl aber als ein schöner volkstümlicher Brauch der Umgebung. In unserer Stube stand ein Christbaum, und es gab die Bescherung für die Kinder. Nun sagte ich am Heiligen Abend 1928 völlig unvermittelt: „Das mache ich nicht mehr mit!" Meine Mutter und meine Schwester waren darüber so sehr erbost, daß sie schroff erwiderten: „Dann hast du hier keinen Platz mehr." Ich ergriff meinen Mantel, verließ unsere Wohnung und landete schließlich in der kalten Dezembernacht im Haus einer orthodox-jüdischen Familie, mit deren Sohn ich befreundet war. Dort blieb ich über ein Jahr lang und hatte so die Gelegenheit, das orthodoxe Judentum in seiner Praxis kennen zu lernen.

Ich erinnere mich, daß ich in diesem traditionell jüdischen Hause am Anfang alles verkehrt machte; denn, wie Schopenhauer von der „Welt als Wille und Vorstellung" spricht, so ist für den orthodoxen Juden die Welt aus Gesetz und Brauch zusammengesetzt. Nur langsam gelang es mir, in diese Welt hineinzuwachsen, die ich später in ihrer Starrheit wieder verließ, um mich freieren, offeneren Formen eines religiösen und verinnerlichten Judentums zuzuwenden. Heute bin ich rückblickend auch für diese schmerzliche Unterbrechung in meiner Jugend dankbar; denn das Judentum kann man nicht nur aus Büchern studieren, man muß es auch als eine gelebte Wirklichkeit erfahren.

So setzte wohl die Rebellion Ihrer Jugend dort ein, wo sie am qualvollsten ist: gegen das Elternhaus?

In der Tat verhielt sich das so; denn als Halbwaise war ich meiner Mutter besonders zugetan. Sie bedeutete für mich die Führung im Leben. Natürlich fand ich es besonders schmerzlich, gegen die so inniggeliebte Mutter revoltieren zu müssen. Aber gerade in der Bibel selbst fand ich einen Anhaltspunkt dafür, wo es heißt: „Deine Mutter sollst du ehrfürchten und deinen Vater, meine Sabbate sollst du hüten." Das steht nebeneinander. Die klassischen Erklärer sagen dazu: „Du sollst die Mutter und den Vater ehren, aber wenn sie dir die Hut des Sabbats verbieten, dann mußt du den Geboten Gottes folgen." In diese schwierige Situation war ich tatsächlich geraten. Erst viel später wurde mir bei der Lektüre von Sören Kierkegaard klar, daß das Religiöse und das Ethische durchaus in Widerspruch zueinander geraten können. Kierkegaard legt das an der Geschichte der „Opferung" Isaaks dar: Das Ansinnen, den Sohn hinzuschlachten, ist ein unsittliches Unterfangen; Glaube und Ethik geraten miteinander in Kollision. Wir neigen ja meist dazu, harmonisierend zu sagen: das Religiöse und das Ethische sind ein und dasselbe. Nein, das ist es nicht. Beide Wirklichkeiten können ganz hart aufeinander stoßen. Ich erlebte das nun drastisch! Das war einerseits die ethische Forderung meiner Mutter, einer Witwe, gegenüber, der es wirtschaftlich gar nicht gut ging. Mußte ich sie nicht in diesen sehr beengten Verhältnissen unterstützen? Andererseits lautete der religiöse Anspruch, dieses Elternhaus zu verlassen, das die Gebote des Judentums, seine Tradition, in keiner Weise beobachtete.

Welchen Ausweg fanden Sie in dieser Konfliktsituation?

Es gab keine Patentlösung. Nach langem inneren Ringen kehrte ich im Jahr darauf wieder in das Elternhaus zurück. Mutter und Schwester waren nun bereit, meine neue, religiöse Einstellung wenigstens zu tolerieren, zum Beispiel in bezug auf die koschere Küche. Ich habe daraus eines gelernt: Leben heißt Kompromisse schließen.

Natürlich sollen es keine faulen Kompromisse sein. Andererseits darf man eines nicht vergessen: Wenn ich mir vornehme, ganz gradlinig meinen Weg zu gehen, dann führt dieser Weg sehr leicht über Ruinen und Leid. Ich selbst und andere können dabei auf der Strecke bleiben. Deshalb meine ich, man sollte im Leben versuchen, immer einen Ausgleich zu schaffen. Dies gilt für das Leben des einzelnen wie für das Leben der Völker. Das ist meine Erfahrung von 45 Jahren in diesem Land Israel, und vor allem in der Stadt Jerusalem. Wenn wir nicht bereit sind, Kompromisse zu schließen, dann können wir nicht miteinander leben. Ich bin dankbar, daß mir diese Realität schon so früh geradezu lehrhaft deutlich wurde, als ich damals wieder den Kontakt mit dem Elternhaus, den ich nur unter Schmerzen gelöst hatte, aufnahm, ohne meine religiöse Einstellung gegenüber dem Judentum preiszugeben.

So ist wohl die höchste Form eines solchen Kompromisses der „Kompromiß der Liebe", der sich sozusagen als „salomonische Lösung" in Konfliktsituationen erweist.

Das kann man in diesem Fall durchaus sagen, weil das Liebesgebot von beiden Seiten her beachtet wurde: Ich suchte wieder den Frieden mit der Mutter, und sie wollte ihren Sohn nicht verlieren. Es wurde mir dabei klar, wie das Gesetz letztlich nur durch die Liebe zu erfüllen ist. In meinem späteren Leben, als ich mich der Darstellung der Gestalt Jesu in meinem meistverbreiteten Buch „Bruder Jesus. Der Nazarener in jüdischer Sicht" zuwandte, sah ich in der Person Jesu die Verkörperung jener Liebe, die das Gesetz durchaus nicht preisgibt, uns aber durch Lehre, Leben und Verhaltensweise zeigt, wie Gottes Gesetz durch die Liebe sinnvoll erfüllt wird.

Ihre Familie lebte in München. Sie bezeichneten einmal das Glockenspiel vom Münchner Rathaus als die Symphonie Ihrer Kindheit. Klingt diese Symphonie in Ihrem Leben heute noch nach?

Ja, sicher! Was so früh gehört wurde, verschwindet nicht. Ich habe auch meinen Sohn und meine Tochter zu diesem Glockenspiel geführt. So wurde das Erlebnis meiner Kindheit auch ein Erlebnis meiner Jerusalemer Kinder. Natürlich darf man sich das nicht so eingeengt vorstellen. Mit diesem Glockenspiel ist nun eben die Melodie der Kindheit als solche verbunden. Ich habe nie die Erinnerungen an diese frühe Zeit preisgegeben, weil sie etwas mit dem Herzen zu tun haben. Das Herz aber ist weit wie die Welt. Es umschließt Heimat und Exil. Es macht das Exil zur Heimat, aber nie die Heimat zum Exil. Mich führte der Weg meines Lebens von Heimat zu Heimat, von der individuellen zur kollektiven. Die letztere wuchs mir zu, die erste gewann ich neu. So blieben mir beide bewahrt im Doppelklang meines Seins. Ich durfte die neue Heimat gewinnen, ohne die alte zu verlieren.

Sie veröffentlichten mit 18 Jahren Ihr erstes Buch „Die seltsame Gemeinde", ein Legendenkreis, den Sie Martin Buber, dem großen Wegweiser Ihres Lebens, widmeten. Diese Tatsache zeigt, daß Sie sich Ihrer literarischen Fähigkeiten schon sehr früh bewußt wurden.

Schon als Kind in der Schule. Ich war immer der Erste im Deutschunterricht und schrieb die besten Aufsätze, nicht nur der Klasse, sondern manchmal auch der Schule. Allerdings wurde diese Überbegabung durchaus ausgeglichen, in Mathematik und verwandten Fächern; denn dort war ich eine völlige Niete und brachte es nur mit äußerster Mühe zu ei-

(Foto: Schwester Jeanny, München)

München 1931.
Schalom Ben-Chorin als Achtzehnjähriger.

nem Mangelhaft; eigentlich stand ich immer bei Ungenügend. Daß ich im deutschen Aufsatz führend war, betrachte ich rückblickend als nicht ganz zufällig; denn gerade der jüdische Schüler, den man oft als Außenseiter sah, drang in geradezu typischer Weise in die deutsche Sprache und Literatur ein ...

Sie hatten später das Glück, während Ihrer Münchner Studienzeit weiterhin Ihren eigenen Neigungen folgen zu können.

Es waren Jahre einer großen Bildungssuche; und ich bin dankbar, in Männern wie Arthur Kutscher, der deutsche Literatur und Theaterwissenschaft vortrug, und Joseph Schnitzer, der vergleichende Religionswissenschaft lehrte, wahre Lehrer gefunden zu haben, die mich zu bleibenden Werten meines Lebens hinführten, sowohl auf literarischem wie auf theologischem Gebiet. Um die spätere Verwertbarkeit der Studien machte ich mir wenig Gedanken, da mir die berufliche Laufbahn als Publizist ziemlich klar vor Augen stand. Und dafür war eine möglichst breite Bildung auf verschiedenen Gebieten die beste Voraussetzung. So wurde für mich dieses Studium generale in den Jahren 1931–1934 zu einem Born, aus dem ich selbst noch in Jerusalem schöpfen durfte.

Einer der einschneidendsten Momente in einem Menschenleben ist die Erfahrung mit dem Schmerz. Auch Sie begegneten dieser Wirklichkeit, als Sie zu Beginn des Naziregimes dreimal verhaftet wurden.

In der heutigen Retroperspektive bin ich auch für diese Schmerzen dankbar; denn dadurch hat mein Leben eine sehr wesentliche Wende genommen. Hätte ich nicht schon so frühzeitig diese traurigen Erfahrungen gemacht, wäre ich vielleicht zu lange in Deutschland geblieben und hätte die Chance einer Rettung verpaßt.

Es war am 1. April 1933, am sogenannten Boykottsamstag, als man mich auf offener Straße blutig schlug. Ich erkannte, daß ich in Deutschland kein Zuhause mehr hatte. Es blieb mir allerdings lange Zeit die Frage: Wie stehe ich zu einer solch leidvollen Zäsur in meinem Leben? Ihre ganze Tiefe wurde mir erst Jahre später richtig klar, als ich bei einer „Christlichen Seefahrt“, einer Art schwimmenden Evangelischen Akademie, vor deutschen Zuhörern einen Vortrag hielt. Dabei sprach ich unter anderem über das Gebet, das Jesus seine Jünger gelehrt hat. Ich erklärte, daß ich als Jude, wo immer ich mit einer betenden christlichen Gemeinde zusammentreffe, das Vaterunser mitbete; denn es ist ein jüdisches Gebet, von der ersten bis zur letzten Zeile.

Da fragte mich unvermittelt eine Dame: „Können Sie aber auch die Bitte ‚Und vergib uns unsere Schuld, wie auch wir vergeben unsern Schuldigern‘ nachvollziehen? Sind Sie in der Lage, uns Deutschen zu vergeben?“ Ein Abgrund tat sich vor mir auf. „Ja“, sagte ich, „die Schuld, die an *mir* begangen wurde, will ich vergeben, wenn diejenigen, die an mir schuldig wurden, ihr Unrecht einsehen. Aber wer bin ich, daß ich die Schuld vergeben könnte, die an anderen verübt wurde, zum Beispiel an über einer Million ermordeter jüdischer Kinder?“

Eine ähnliche Frage stellte mir eine ältere Frau im Jahre 1961 auf dem Evangelischen Kirchentag in Berlin vor 4000 Menschen in der Messehalle, wo ich an der Gründung der „Arbeitsgemeinschaft Juden und Christen“ teilgenommen hatte. Sie faßte meine beiden Hände, sah mir tief in die Augen und sagte: „Vergeben Sie mir!“ Ich stellte mich dümmer als ich bin, und sagte: „Was soll ich Ihnen denn vergeben? Sie haben mir doch nichts zuleide getan?“ Sie aber fuhr fort: „Ihnen nicht, aber Ihrem Volk.“ „Tragen Sie Ihre Schuld im Gebet vor Gott“, antwortete ich. „Er allein kann Ihnen vergeben.“

In späteren Jahren wurde mir jedoch die Frage nach dem Gebot der Feindesliebe mehr und mehr zum Problem. Jesus sagt: „Ich aber sage euch, liebet eure Feinde!“ Ist dieses Wort aus der Bergpredigt realisierbar? „Wohl kaum“, sagen die Politiker. „Ein Widerspruch in sich selbst“, meinen die Psychologen; „denn wenn einer mein Feind ist, wie kann ich ihn lieben? Liebe ich ihn, dann ist er nicht mehr mein Feind, wenigstens von mir aus gesehen.“ Heute komme ich mehr und mehr zu der Einsicht, daß ich meine Feinde von gestern und vorgestern lieben kann. Ich erkenne, daß ihre Fehler auch die meinigen sind. Ich sehe ihre Fehler als ihre Schwächen, die ich vergeben kann. In dieser ihrer Schwachheit werden sie für mich zum Gegenstand des Mitleids. Und dieses ist mein erster Schritt zur Liebe …

Reise in die Vergangenheit

Herr Ben-Chorin, Sie besuchten im Sommer 1956 zum ersten Mal seit 20 Jahren Ihre Heimatstadt München. War dieser Besuch so etwas wie eine Reise in die Vergangenheit, verbunden mit einem gewissen Heimweh nach München?

Ich verspürte in mir lange Jahre hindurch ein solches Heimweh. Und ich führte dabei sozusagen ein Doppelleben. Ich war am Tag in Jerusalem und in den nächtlichen Träumen in München, das immer strahlender und goldener wurde. Aber seitdem ich in den letzten zwei Jahrzehnten mehr als dreißigmal in München war und jederzeit dorthin reisen kann – ein Flug von Tel Aviv nach Deutschland ist eine Sache von dreieinhalb Stunden –, seitdem mir wieder die Stadt meiner Jugend so nahe gerückt ist, kenne ich dieses Heimweh nicht mehr. Jedenfalls habe ich mich daran gewöhnt, daß zwei Städte in meinem Leben, München und Jerusalem, Pole meiner Existenz bedeuten. Immer wieder kehre ich gerne als Gast in die bayrische Landeshauptstadt zurück. Heimisch bin ich hier in Jerusalem, während mir München wieder zugewachsen ist.

Sie waren im Jahr 1980 ein Semester lang als Gastprofessor an der dortigen Ludwig-Maximilians-Universität tätig und konnten so einige Tuchfühlung mit der heutigen deutschen akademischen Jugend aufnehmen ...

Es war für mich ein großes Erlebnis zu sehen, mit welcher Bereitschaft diese jungen Menschen das Judentum durch

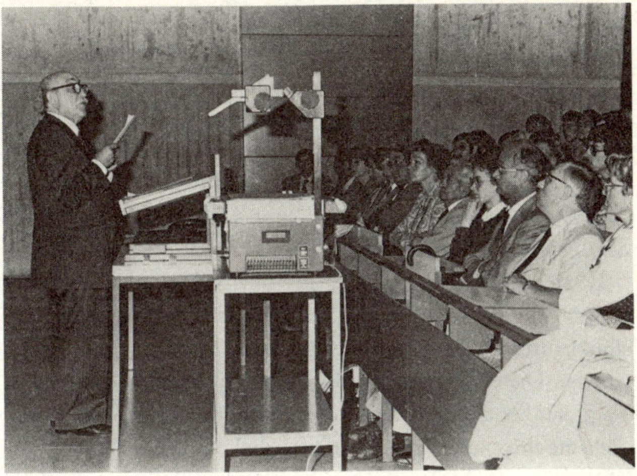

(Foto: privat)

München 1982.
Schalom Ben-Chorin als Gastdozent an der Ludwig-Maximilians-Universität.

meine Vermittlung kennenlernen wollten. Gleichzeitig sah ich darin eine Art moralischer Wiedergutmachung. Da stand ich nun auf einmal an der Stelle am Katheder, wo ich selbst als Student auf der anderen Seite saß, an jener Alma mater, von der ich 1934 vertrieben wurde. In meiner jetzigen Rolle sah ich so etwas wie einen Bezug zu der Gestalt des Hiob, dem zunächst alles genommen war, ihm aber dann in reicher Fülle zurückgegeben wurde. Ich muß zugeben, dieses Semester gehört zu den glücklichsten Erlebnissen meines späteren Lebens. Die Professoren überboten sich an kollegialer Freundlichkeit, ja es war für meine Frau und mich nicht leicht, allen Einladungen Folge zu leisten, die an uns ergingen. Die Studenten zeigten eine Bereitschaft und Aufnahmefähigkeit, die mich tief beeindruckte. Zum Schluß meines

Seminars über den christlich-jüdischen Dialog, vom Neuen Testament bis zur Gegenwart, überreichten mir meine Studenten als Abschiedsgabe ein Buch „999 Worte Bayrisch“: „Damit Sie Ihre alte Heimat nicht vergessen“, meinte einer von ihnen.

Und wie erlebten Sie den sogenannten Mann auf der Straße in dem heutigen Deutschland?

Dazu vielleicht ein kleines Erlebnis, während meiner siebenten Augenoperation, die von dem großen Augenspezialisten Professor Mayer-Schwiekerat in Essen vorgenommen wurde. Die Versorgungsschwester fragte mich am ersten Tag: „Haben Sie besondere Wünsche für die Verpflegung?“ „Ich möchte kein Schweinefleisch bekommen“, sagte ich. – „Ach ja“, war die Antwort, „da schreiben wir einfach ‚Türkenkost‘.“ Eine türkische Schwester stand dabei, und ihre Augen hellten sich auf: „Sie sind also Moslem?“ „Nein, ich bin Jude.“ – „So, die Juden essen *auch* kein Schweinefleisch?“ Sie schien keine Ahnung davon zu haben, daß der Prophet Mohammed dieses Verbot aus dem Alten Testament übernommen hatte.

Ich erinnere mich an ein ähnliches Erlebnis in Bendorf über Koblenz, in einer katholischen Begegnungsstätte, dem Hedwig-Dransfeld-Haus. Dort hatte ich eine Wochenendtagung zu dem Thema „Kirche und Israel“ geleitet. Am Morgen vor meiner Abreise frühstückte ich im Speisesaal. Eine nette blonde, junge Dame saß mir gegenüber, eine Mitarbeiterin des Hauses, die an der Tagung nicht teilgenommen hatte. Sie reichte mir eine Platte mit Schinken. Ich sagte ihr: „Nein danke, das möchte ich lieber nicht essen. Ich halte mich an Käse und Marmelade.“ – „Aber das ist Schwarzwälder Schinken“, wendete sie ein. „Ich zweifle nicht an der Qualität des Schinkens“, gab ich zurück, „aber aus religiösen Gründen esse ich das nicht.“ – „Ach, Sie sind Mohammedaner!“ Eine solche Schlußfolgerung stimmte mich doch sehr nachdenklich. Meine Tischnachbarin hatte noch nie einen lebendigen Juden gesehen. In Bendorf gibt es nur noch einen jüdischen Friedhof, aber keine Gemeinde mehr. Aber sie hatte türkische Gastarbeiter in jeder Menge erlebt. Zeigte diese Verwechslung mir nicht, daß der Jude heute in Deutschland eine außergewöhnliche Erscheinung ist? Aber es gibt 1 ½ Millionen Moslems in der Bundesrepublik.

Noch ein anderes Erlebnis bestärkt mich in dieser Vermutung. Vor einigen Jahren saß ich im D-Zug nach Flensburg. An der dänischen Grenze fand eine Paßkontrolle statt. Ich zeigte meinen israelischen Ausweis vor. Der Beamte sah ihn von rechts nach links, von links nach rechts an, kam damit aber nicht zu Rande. Auf seinen etwas verwunderten Blick sagte ich: „Ich bin Israeli." Er vertiefte sich erneut in den Paß. Schließlich meinte er: „Entschuldigen Sie, Israeli, ist das das, was man früher einen Juden nannte?" „Sie können mich auch jetzt einen Juden nennen", ermunterte ich ihn. „Aber es ist nicht dasselbe. Israelis sind die Bewohner des Staates Israel. Das können auch Nichtjuden sein. Außerdem gibt es Juden in anderen Ländern, die keine Israelis sind." Die Sache leuchtete dem Manne nicht ganz ein. Endlich fragte er: „Wo wohnen Sie denn?" – „In Jerusalem." Sein Blick hellte sich auf: „Könnten Sie mir nicht eine Ansichtskarte aus der Heiligen Stadt schicken?" – „Natürlich!" Und so erhielt der Zollbeamte von Flensburg eine Ansichtskarte aus Jerusalem. Ich hoffe, daß er nun weiß, was ein Israeli ist.

Sie sind seit etlichen Jahren einem schweren Augenleiden ausgesetzt. In diesem Zusammenhang sagten Sie einmal, daß Ihr Blick jetzt mehr nach innen und somit wiederum in die Vergangenheit gelenkt sei.

Das stimmt. Vieles, was sich in der Außenwelt abspielt, entzieht sich einfach meiner Beobachtung. So ist es mir fast zu einer Gewohnheit geworden, manchmal untertags die Augen zu schließen, wobei die inneren Bilder vor meiner Seele

(Foto: privat)

Avital Ben-Chorin.

sichtbar werden. Es ergibt sich von selbst, daß der Blick sich zurückwendet in Kindheit und Jugend. Ich habe aus dieser Innensicht heraus erst vor kurzem eine Erzählung „Das leere Haus“ geschrieben. Diese schließt übrigens an ein Erlebnis während meines Gastsemesters in München an: Täglich fuhr ich durch die Öttingenstraße, wo ich 19 Jahre lang mit meinen Eltern und meiner Schwester gewohnt hatte. Am letzten Tag unseres Aufenthalts hielt ich den Wagen an. „Unser Haus“ mit der Nummer 23 präsentierte sich in einem Erneuerungszustand. Ich stieg aus und entdeckte das Schild „Altbausanierung“. „So etwas bräuchtest du auch“, dachte ich mir, „so eine Altbausanierung mit deinen 68 Jahren.“ Meine Frau riß mich aus dem Sinnieren. „Jetzt gehen wir einmal in dieses Haus hinein“, sagte sie. Wir stiegen in den ersten Stock hinauf. Die Türe stand weit offen; denn die Räume waren frisch gestrichen und sollten nun austrocknen. So konnte ich ungehindert in mein Elternhaus eintreten. Nun tauchte die ganze versunkene Vergangenheit in einem Augenblick auf. Ein eigentümliches Erlebnis. Als wir das Haus wieder verließen, hatte ich den Eindruck, als stünde ich selbst noch hinter dem Fenster und winkte mir zu – ein Doppelgängergefühl.

Gefangener Jerusalems

Herr Ben-Chorin, Jerusalem ist zum Schicksal Ihres Lebens geworden. Sie sind dem Kompaß Ihres Herzens gefolgt und schließlich in der Heiligen Stadt Ihrer Väter gelandet.

Als ich 1934 von meiner nach Argentinien ausgewanderten Schwester ein Visum und eine Schiffskarte nach Buenos Aires erhielt, schickte ich beides zurück mit der Bemerkung: „Ich gehöre nach Jerusalem." Dieses Bewußtsein war mir aus der Lektüre der Bibel und dem jüdischen Gebetsschatz erwachsen – vergessen Sie nicht, der betende Jude bittet Gott dreimal am Tage um die Rückkehr nach Zion. Dazu gibt es übrigens einen Scherz aus den dreißiger Jahren, als die verfolgten Juden von Deutschland aus in großen Scharen nach Palästina auswanderten: Ein jüdischer Arzt soll damals ein Schild mit folgenden Worten an seiner Tür angebracht haben: „Nach 2000jähriger Abwesenheit habe ich meine Praxis in Jerusalem wieder eröffnet." Mit einem Witz ist oft mehr gesagt als durch lange theoretische Ausführungen ...

Es gibt beim Propheten Sacharja ein seltsames Wort, das da heißt: „Und Jerusalem soll bleiben an seinem Platz, zu Jerusalem." Hört sich das nicht wie ein Pleonasmus, wie ein hölzernes Holz an?

Und doch habe ich erkannt, daß diesem Wort eine tiefe Wahrheit zugrunde liegt. Als ich im Jahre 1935 emigrierte, war Jerusalem eine kleine Stadt, das Verwaltungszentrum der britischen Mandatsmacht.

Dann folgten die schweren Jahre des Krieges 1947/48. Jerusalem war umkämpft, blutig auseinandergerissen. Dann die 19 Jahre andauernde Teilung der Stadt, mehr geteilt als es Berlin jemals war, völlig vom Herzen, der Westmauer, der Altstadt, abgeschnitten. Ich konnte leichter nach Deutschland gelangen als auf die andere Seite von Jerusalem. Oft mußte ich in dieser Situation an die Gralserzählung aus dem Lohengrin denken: „In fernem Land, unnahbar euren Schritten ..."

Schließlich folgte nach dem Sechstagekrieg die Wiedervereinigung der Heiligen Stadt. Sicher keine unproblematische Einheit. Und doch habe ich das Gefühl, daß man hier langsam, langsam zusammenwächst, daß die Wunden vernarben werden. „Und Jerusalem soll bleiben an seinem Platz, zu Jerusalem." So bin auch ich in Jerusalem geblieben, seit Februar 1937 sogar in derselben Wohnung, was doch ein Höchstmaß konservativer Gesinnung darstellt.

Als Sie in diese Wohnung einzogen, hatten Sie noch arabische Nachbarn, die es heute nicht mehr gibt ...

Da rühren Sie an ein problematisches Kapitel. Obwohl es mein Wunsch war, eine gute Beziehung zu meinen arabischen Mitbürgern zu finden, scheiterte dieses Ansinnen an der Sprachbarriere; denn es gelang mir leider nicht, so weit Arabisch zu lernen, daß ich mich wirklich mit meinen Nachbarn in ihrer Sprache hätte unterhalten können. Ich bin kein sprachbegabter Mensch.

Thomas Mann sagte einmal: „Ein Schriftsteller ist ein Mensch, der schwerer als andere eine Sprache erlernt", denn er ist eben in seiner Sprache verwurzelt. Oder um es in einem Bild auszudrücken: Er spielt so souverän auf der Klaviatur seiner eigenen Sprache, daß ihm jede Ausdrucksweise in anderen Sprachen als ein dilettantisches Stümpertum erscheint.

Das mag sicher bei mir mitgewirkt haben. Auch das Hebräische vermochte ich nicht so weit zu meistern, daß ich mich darin hätte literarisch artikulieren können. Was mein Englisch angeht, so bin ich gewohnt, meine Vorlesungen in Tantur, einer ökumenischen Studienstätte zwischen Jerusalem und Bethlehem, mit folgender Bemerkung einzuleiten: „Mein Deutsch ist ausgezeichnet, mein Hebräisch ist korrekt, mein Englisch aber ist schrecklich.“ Damit habe ich von vornherein die Lacher auf meiner Seite, und man verzeiht mir auch die schrecklichsten englischen Schnitzer.

Wie gesagt, auch wenn ich bis zum Arabischen nicht durchzudringen vermochte, so pflegte ich trotzdem nachbarliche Beziehungen zu unseren Mitbürgern in dem Dorf Lifta, gegenüber unserem Stadtteil Romema. Doch es waren problematische Beziehungen; denn die Araber von Lifta beschossen uns manchmal in der Nacht. Am Tage kamen dann die Fellachinnen, die arabischen Bäuerinnen, um aus der Zisterne unseres Hauses Wasser zu holen. Da begann ich meine eigene Politik zu betreiben und sagte zu den Frauen: „Weg von hier! Ihr bekommt kein Wasser“ – so viel Arabisch konnte ich –, „wenn ihr in der Nacht auf uns schießt.“ Natürlich hatten die Frauen nicht geschossen, dies besorgten schon die Männer. Trotzdem fuhr ich fort: „Wenn drei Tage Ruhe herrscht, bekommt ihr wieder Wasser.“ Was soll ich Ihnen sagen, meine primitive Politik verfehlte ihre Wirkung nicht. Wir hatten eine Zeitlang Ruhe. Die Fellachinnen bekamen wieder ihr Wasser und verkauften uns ihre Eier, die sie aus dem Busenausschnitt ihrer schön gestickten Kleider hervorholten. Eier- und Wasserhandel als Konsequenz des nächtlichen Waffenstillstandes …

Übrigens wurde ich im Kreise meiner arabischen Nachbarn nicht mit meinem Namen Ben-Chorin angesprochen, sondern man nannte mich Abu Tobia, Vater des Tobias. Mein Sohn hatte schon als kleines Kind von unserer Haushaltshilfe mit Namen Luna aus Nablus ein wenig Arabisch gelernt. Sie liebte den kleinen Tobias von ganzem Herzen

(Foto: privat)

Ostern 1943.
Schalom Ben-Chorin mit Sohn Tovja.

und nannte ihn immer „Effendi", was soviel wie „Herr" bedeutet.

Besonders befreundet war Tobias mit den arabischen Autobuschauffeuren, die ihn von Romema aus bis zum Jaffator und zurück mitfahren ließen. Dabei unterhielt er sich ganz ungezwungen in seiner Kindersprache mit ihnen. Auch trug er ein arabisches Käppchen und war überall ein außerordentlich beliebter Junge.

Ich selbst ging von Zeit zu Zeit in das arabische Café, unten an der Jaffastraße, um etwas mit meinen arabischen Nachbarn Fühlung zu bekommen. Meist sprechen wir Hebräisch oder Englisch miteinander. Und es ging irgendwie, auch wenn ich nicht zu einer tieferen Beziehung vorstoßen konnte.

Auch nicht auf „höherer" Ebene, zum Beispiel im jüdisch-christlich-muslimischen Dialog?

Dazu möchte ich Ihnen eine Episode erzählen, die sich während des Zweiten Weltkrieges mit einem schottischen Freund, Reverend George L. B. Sloan aus Tiberias, abspielte. Ich hatte damals gerade eine Schrift in englischer Sprache herausgegeben: „Comfort ye comfort ye, my People – tröstet, tröstet mein Volk", ein christliches und jüdisches Wort des Friedens im Krieg. Pastor Sloan und ich gingen auf die Suche nach einem muslimischen Dritten im Bunde. Schließlich fanden wir einen Professor am Arab College, einen Historiker, der für diese Aufgabe in Frage kam. Aber seine erste Schwierigkeit bestand schon darin, daß er es nicht wagte, mich in meiner Wohnung in Westjerusalem zu besuchen. Auch zu Sloan in Tiberias wollte er nicht kommen; denn dieser schien ihm ein Repräsentant des britischen Imperialismus, obwohl Sloan persönlich weit davon entfernt war. Schließlich fanden wir einen dänischen Pastor Nilsen, der eine Wohnung in der sogenannten German Colony in Jerusalem hatte, also an einem neutralen Ort. Trotzdem stellte unser muslimischer Freund die Frage: „Können Sie für mein Leben garantieren?" Weder Sloan noch ich konnten eine solche Garantie übernehmen. So blieb es schließlich bei einer gemütlichen Kaffeestunde bei dem dänischen Pastor Nilsen, während wir gezwungen waren, die Schrift ohne eine arabisch-muslimische Stimme zu veröffentlichen.

In einer ähnlichen Situation befand sich auch mein verehrter Lehrer Martin Buber, der zusammen mit Dr. Magnes, dem Präsidenten der Hebräischen Universität, die Gesellschaft „Ichud" – Einheit, zur jüdisch-arabischen Verständigung, mit dem Ziel gegründet hatte, einen binationalen Staat von Juden und Arabern zu schaffen. Doch fehlte es an einer arabischen Entsprechung. Einmal sagte ich zu Buber scherzhaft: „Ihre Bemühungen erinnern mich an eine Hochzeit, bei der es einen Bräutigam, aber keine Braut gibt. Damit aber hat die Hochzeit keinen rechten Sinn mehr.“

Das war das Problem damals, und es ist bis heute so geblieben. Auch dort, wo unsere arabischen Mitbürger, in den Gebieten von Samaria, Judäa und dem Gazastreifen zu Gesprächen mit den Israelis bereit sind, stehen sie unter dem Druck eines gewissen Terrors, der solche dialogbereiten Menschen bedroht. Daher ist es bis heute leider nicht zu einem wirklichen Miteinander gekommen. Trotzdem gebe ich die Hoffnung nicht auf; denn ich habe in meinem Leben etwas erfahren, was mich mit Optimismus erfüllt: Wenn mir nämlich jemand vor dreißig oder vierzig Jahren gesagt hätte: „Du wirst eines Tages nach Deutschland, als gern gesehener Gast, reisen, ja, du wirst an deutschen Universitäten, selbst in katholischen und evangelischen Akademien, sogar in Kirchen sprechen, du wirst in Jerusalem mit deutschen Gruppen zusammentreffen“, dann hätte ich das nicht geglaubt. Es sah doch alles so völlig hoffnungslos aus. Und sehen Sie, es ging so, wie es am Ende der Genesis heißt, als Josef zu seinen Brüdern sagte: „Ihr wolltet es böse machen, aber Gott hat es gut gemacht.“ Ich erlebte tatsächlich eine solche Wandlung im deutschen Volk, die nicht vorauszusehen war.

So besteht sicher auch die berechtigte Hoffnung, daß sich das arabisch-jüdische Verhältnis eines Tages aus einem Gegeneinander zu einem Miteinander wandeln kann?

Sehen Sie, es flackern immer wieder in Hebron Streitigkeiten um die Höhle Machpela auf: Juden beanspruchen ihren Platz dort, arabische Muslime ebenso; und beide vergessen sie, daß hier an dieser Stelle Isaak und Ismael ihren Vater Abraham begraben haben. Sollten sich da nicht eines Tages die Kinder Isaaks und Ismaels am Grabe ihres gemeinsamen Vaters in einem ökumenischen Sinne zusammenfinden? Deshalb möchte ich diese Frage mit dem Wort des Apostels Paulus beantworten: „So bleiben denn diese drei: Glaube,

Hoffnung und Liebe. Und die Liebe ist das Größte von ihnen." Ich hege den festen Glauben an unser Verweilen in diesem Land unserer Herkunft, und ich lebe aus der Hoffnung, daß unsere arabischen Brüder diese Realität auch erkennen werden, wenn wir uns von der Liebe treiben lassen.

So ist es wohl auch die Sichtweise dieser Liebe, wenn Sie manchmal gerne Jerusalem als das Herz der Welt bezeichnen?

Gewiß. Interessanterweise habe ich dabei entdeckt, daß dieses Herzgefühl nicht nur etwa der hebräische, mittelalterliche Dichter aus Spanien, Jehuda Halevi, kennt; derselbe Gedanke klingt auch bei Hölderlin im Gesang an die Deutschen an: „O heilig Herz der Völker, o Vaterland!"

Dasselbe Grundgefühl finden wir immer wieder in der jüdischen Überlieferung: Israel als das Herz der Völker und Jerusalem als das Herz Israels. Und das Herz Jerusalems ist der Tempel. Diese konzentrischen Kreise haben das Weltbild des Judentums durch die Jahrhunderte hindurch geformt. Ich kann das – vielleicht nicht logisch, aber doch emotionell – sehr wohl nachvollziehen.

Sagt nicht ein talmudischer Weisheitsspruch, Gott habe der Welt zehn Maß an Leid gegeben, neun für Jerusalem, eins für den Rest der Welt?

Derselbe Ausspruch fährt fort, daß Gott der Welt zehn Maß an Schönheit gegeben habe, von denen neun auf Jerusalem gekommen seien. Auch das – meine ich – beinhaltet einen Wahrheitsgehalt, wenn wir diese Stadt mit den Augen der Liebe betrachten. Manche Menschen ahnen diesen Glanz voraus, obwohl sie Jerusalem noch nie gesehen haben, wie zum Beispiel die größte jüdische Dichterin deutscher Zunge Else Lasker-Schüler, die 1945 in Jerusalem starb, aber schon 1913 in Berlin in dem Gedicht „Sulamit" schrieb: „Und meine Seele verglüht in den Abendfarben Jerusalems." Sie hat gleichsam mit dem Herzen Jerusalem vorausgenommen und

(Foto: W. Zadek, Tel Aviv)

Der siebenundzwanzigjährige Schalom Ben-Chorin im Jahre 1940 in Jerusalem.

so ihr eigenes Schicksal prophetisch gedeutet. So sehe auch ich Jerusalem, wenn sich immer wieder die Seele weitet, um sein Urbild zu erblicken, trotz aller Trivialität des Alltags.

Lassen sich in solch einer Stadt überhaupt Mythos von Realität trennen? Erfährt man nicht eine Art Schock bei dem Zusammenprall zwischen Traum und Wirklichkeit?

Den ersten Zusammenstoß erlebte ich, als ich nach meiner Ankunft in der „Heiligen Stadt" voller Erwartung auf den Balkon meines Hotels trat. Was ich sah, war eine Filmreklame: „Der blaue Engel" mit Marlene Dietrich. Alle Engel hätte ich in Jerusalem eher erwartet als den „Blauen Engel". Ich bin aber ehrlich genug, um Ihnen zu gestehen, daß ich am Abend ins Kino ging und von Marlene Dietrich wieder begeistert war.

Viel tiefer und ernster sind allerdings die Zusammenstöße im Laufe der Jahre geworden. Es ist ja keineswegs so, daß die Menschen in Jerusalem alle die Sehnsucht im Herzen tragen, der Forderung dieser Stadt zu entsprechen. Man trifft dort so viel Böswilligkeit, so viele sture Menschen, so viel leere Bürokratie an. Zeitweise drängt sich mir geradezu der Gedanke auf: „Wie weit hat sich das himmlische Jerusalem vom irdischen entfernt?" Dann sehe ich – etwa beim Rasieren – in den Spiegel und denke mir: „Nun, du bist auch nicht ganz so, wie es sich für Jerusalem gehört." Manchmal habe ich den Eindruck, als wären die Bürger Jerusalems wie kleine Kinder, die gern in die großen Schuhe des Vaters hineinsteigen. Die Schuhgröße Jerusalems paßt uns oft nicht.

Und dann zeigen doch wieder so viele Erlebnisse, welche Eigenschaften diese Stadt in den Menschen hervorbringt. Eine kleine Episode mag dafür sprechen: Vor einiger Zeit wollte ich an einem Freitagvormittag auf der Bank einen Scheck einlösen. Der Beamte erklärte mir: „Nein, diesen Scheck können Sie hier nicht beheben. Das ist nur bei unserer Hauptfiliale möglich, wo Sie ja selbst ein Konto haben." Ich sagte: „Können Sie nicht in der Hauptfiliale telefonisch nachfragen?“ – „Nein, das tun wir nicht. Sie müssen schon selber dorthin gehen“, war die knappe, unpersönliche Antwort. „Haben Sie doch Verständnis“, versuchte ich einzuwenden, „ich bin sehr sehbehindert, und es ist für mich etwas schwierig, dorthin zu gelangen. Möchten Sie da nicht eine Ausnahme machen?“ „Nein“, hieß es, „das können wir nicht.“

In diesem Augenblick wandte sich mir ein mir völlig unbekannter Mann zu: „Kann ich Ihnen mit einem Betrag aushelfen? Es ist heute Freitag, und die Vorstellung, daß ein Jude für den Sabbat nicht die nötigen Mittel in der Tasche hat, ist für mich unerträglich.“

Ich nahm das großzügige Angebot nicht an, aber dieser Unbekannte versöhnte mich wieder mit der Bürokratie hinter dem Schalter. Ich sah, es ist doch etwas von dem eigentlichen Jerusalem zu spüren, nicht nur in den Synagogen, Kirchen und Moscheen oder an der Mauer, sondern ganz einfach im täglichen Leben.

Wie sehen Sie das Jerusalem am Ende der Zeiten, das Johannes in seiner Geheimen Offenbarung als das himmlische bezeichnet?

Auch das Judentum kennt den Begriff des himmlischen Jerusalems. Gleichzeitig aber sagt ein talmudisches Wahrwort: „Gott wird in das himmlische Jerusalem nicht einziehen, es sei denn, er habe das irdische betreten.“

Was besagt dies? Wir müssen hier auf Erden – und selbstverständlich nicht nur in Jerusalem – Gott eine Stätte bereiten. Das geschieht aber nur, indem wir menschlich, brüderlich und in Liebe zusammenleben. Erst dann wird Gott von dem himmlischen in das irdische Jerusalem kommen. Das meint der gläubige Jude, wenn er nach der Vorlesung der Prophetenperikope im sabbatlichen Gottesdienst in der Synagoge betet: „Erbarme dich, über Zion, denn es ist das Haus unsres Lebens.“ Immer ist für uns Jerusalem der Bewährungsplatz im Alltag geblieben, nicht nur ein frommes

Wallfahrtsziel. Zugleich aber liegt über diesem irdischen Jerusalem etwas vom Abglanz seiner Idee, des himmlischen.

So ist wohl Jerusalem die einzige Stadt, die man als eine zweidimensionale bezeichnen kann?

Kennen Sie eine andere Stadt auf der Welt, die ein himmlisches Urbild hat? Wer kann schon von einem himmlischen München, einem himmlischen London oder Paris sprechen? Dieses himmlische Jerusalem, das gleichsam als Forderung vor uns steht, dieses obere Jerusalem, das der Seher von Patmos als die Braut bezeichnet, bedeutet für uns eine ständige Herausforderung. Es ist nicht leicht, in Jerusalem zu leben und sich diese Zweidimensionalität immer vor Augen zu halten.

Oft habe ich es im Auslande erfahren, daß allein die Nennung der Anschrift einen besonderen Beifall auslöst. Ich nenne das die Aureole der Adresse. Nun kommt es darauf an, daß wir wenigstens versuchen, dieser Überforderung in irgendeiner Weise zu entsprechen; denn es bringt tatsächlich eine gewisse Verpflichtung mit sich, in Jerusalem zu leben. In meinem Leben äußerte sich das so, daß eigentlich mein ganzes Schaffen in irgendeiner Weise von Jerusalem geprägt ist. Nicht nur mein Buch „Ich lebe in Jerusalem“ und die vielen Aufsätze, die ich in der Zeitschrift „Merian“ und in Zeitungen aller Art über Jerusalem veröffentlicht habe, nicht nur die Vorträge, die ich im Lande und in der Bundesrepublik Deutschland über Jerusalem als Treffpunkt der drei monotheistischen Religionen gehalten habe; auch mein dreiteiliges Werk „Die Heimkehr“ – Jesus, Paulus und Maria in jüdischer Sicht, ist ganz von diesem Jerusalem-Erlebnis geprägt, von jener Stadt, in der sich die tragenden Gestalten des Neuen Testamentes historisch manifestiert haben. Auch mein theologisches Hauptwerk „Jüdischer Glaube – die Tafeln des Bundes – das Zehnwort vom Sinai und Beten des Judentums“ als eine Darstellung des Judentums als Glaube,

Gesetz und Gebet (für christliche Leser) entstand vom Hintergrund Jerusalems her.

So ist das lebendige Judentum in dieser Stadt stärker zu empfinden als sonstwo auf der Welt?

Ja, weil hier der Ort der Begegnung, der großen Ökumene der Kinder Abrahams zu finden ist: Die Juden als die Söhne Isaaks, die Araber als die Söhne Ismaels und die Christen als die geistlichen Kinder Abrahams. In Jerusalem treffen sie sich. Gerade diese Tatsache hat meinem Leben und meiner Arbeit eine ganz besondere Richtung gegeben. Ich habe das weder gewollt, noch vorausprogrammiert, es ist mir zugekommen. Es ist allerdings schwer vorstellbar, in Jerusalem als ein geistig schöpferischer Mensch zu leben, und von der Stadt unberührt zu bleiben. Es gibt viele Städte auf der Welt, die thematisch neutral sind. Jerusalem ist es nicht. Das kann zu einer gewissen Einseitigkeit führen. Um das zu vermeiden, habe ich den Kontakt weiterhin mit der Welt gesucht, gefunden und fortgeführt. Doch blieb Jerusalem für mich nicht nur der Ort, an dem ich wohne, sondern auch der Ort, dessen Einwohnung ich in meinem Leben spüre. Und die Menschen, mit denen ich im Auslande in Berührung komme, erinnern mich immer wieder daran. Oft taucht die Frage auf: „Wie sehen Sie das von Jerusalem aus?" Lebte ich zum Beispiel in Bielefeld, so würde mich wohl niemand fragen: „Wie sehen Sie von Bielefeld aus dieses oder jenes?" Ich meine, diese Stadt Jerusalem bedeutet bereits ein Bekenntnis.

Die heiligste Stätte Jerusalems ist für den jüdischen Menschen die Westmauer, die zu einer Freudenmauer geworden ist, wo getanzt und geheiratet, gebetet und geweint wird. Was bedeutet für Sie persönlich diese Mauer des Tempels?

Für mich bedeutet sie noch ein letztes, sichtbares Zeichen des alten Israel. Nach der Legende soll ja die Herrlichkeit Gottes, die Schechina, auf dieser Mauer unsichtbar verblieben sein. Und tatsächlich spürt man etwas davon, wenn man sieht, wie amerikanische, europäische, afrikanische Juden, wie Juden aus Marokko, Algier, Tunis, aus dem Irak, wie also ganz verschiedene Menschentypen hier zusammenkommen und inbrünstig zu Gott rufen und vielleicht ein kleines Gebetszettelchen in die Ritzen der Mauer stecken, so daß hier sozusagen ein Briefkasten zum lieben Gott entstanden ist. Das Judentum ist keine monolithische Größe, sondern eine pluralistische Gesellschaft. Aber gerade hier, an dieser Mauer, spürt man etwas von der in einer höheren Einheit zusammengefaßten Pluralität Israels. Die Mauer ist für mich auch heilige Stätte, nicht etwa in dem Sinne, daß dort eine besondere Heiligkeit objektiv festzustellen wäre, sondern weil Menschen sich dort Gott näher fühlen und diesen Ort durch ihre Haltung, ihr Gebet, ihre Tränen und ihre Dankbarkeit heiligen. So ist sie auch das sichtbare Zentrum Israels, nicht nur seines Staates, sondern der ganzen Weltjudenheit.

Sie nannten sich einmal einen Gefangenen Jerusalems, das Sie in seinen Beschlag genommen hat ...

Ich bin öfter vor die Frage gestellt gewesen, meinen Wohnsitz in eine andere Stadt zu verlegen. Das hatte ganz praktische Gründe, denn ich war 36 Jahre lang Korrespondent einer in Tel Aviv erscheinenden Tageszeitung in deutscher Sprache. Mehrfach bot man mir an, in die Redaktion einzutreten. Ich sagte immer scherzhaft: „In der Philister Lande werde ich nicht gehen." So verblieb ich in Jerusalem auf dem etwas isolierten Posten eines Korrespondenten – und habe es nicht bereut.

Nach dem Kriege bahnten sich so viele Beziehungen nach Deutschland hin an, mit geradezu verlockenden Möglichkeiten. Ich verblieb zweimal dort ein Gastsemester lang, aber nach drei Monaten zog es mich fast magnetisch nach Jerusalem zurück. So wie man ein Gefangener der Liebe sein kann, so bin ich ein Gefangener Jerusalems geworden, der sich von dieser Stadt nicht mehr lösen will. Gleichzeitig empfinde ich es als eine Verpflichtung, herauszugehen zu den Menschen, die die Botschaft hören wollen, die ich auszurichten habe. Aber das Zentrum bleibt für mich Jerusalem.

Und worin besteht letztlich diese Botschaft?

Ich habe Jerusalem vielen meiner Leser und Hörer in verschiedener Weise nahegebracht. Es ging mir dabei nicht um Geschichte und Archäologie, sondern wie es beim Propheten Jesaja im 2. Kapitel klar zum Ausdruck kommt: „Denn von Zion geht die Lehre aus und das Wort des Herrn von Jerusalem." Ich sehe die zentrale Aufgabe meines Lebens darin, dem heutigen Menschen in einer Form, die er verstehen kann, diese beim Propheten Jesaja so klar umrissene Botschaft Jerusalems auszurichten.

Teilnahme an dem objektiven Schicksal eines Volkes

Herr Ben-Chorin, jahrhundertelang war das Judentum durch seine Machtlosigkeit vor Gewalt, Brutalität, vor Unterdrückung anderer bewahrt geblieben. Heute haben die Juden nach fast 2000 Jahren wieder ihren eigenen Staat. Besteht damit nicht die latente Gefahr, die Macht anzustreben und auch mit eisernem Griff auszuüben?

Es gab jüdische Zeitgenossen, die aufgrund einer solchen Versuchung auf jede Macht verzichten wollten. Ich denke zum Beispiel an meinen verewigten Freund Hans Joachim Schoeps, der Professor für Religions- und Geistesgeschichte an der Universität Erlangen war. Ich bezeichnete ihn gern als den letzten preußischen Juden, denn er war der Meinung, der Zionismus sei die große Gefahr für das Judentum. Wir seien von jeglicher politischen Aktivität dispensiert, und sollten uns deshalb gar nicht in die Sphäre der Macht einschalten, sondern abseits stehen bis zur Stunde des Reiches Gottes.

Das glaube ich allerdings nicht. Wir haben in der Heiligen Schrift zwar auf der einen Seite den leidenden Gottesknecht; und Israel war durch die Jahrhunderte hindurch immer wieder an dieser Gestalt orientiert: als der leidende Gottesknecht unter den Völkern. Aber wir haben auch Josua, David und Judas Makkabäus unter den tragenden Gestalten unserer Überlieferung.

Ich meine, wir müssen den Versuch unternehmen, beides zusammen zu denken und gemeinsam in Einklang zu bringen. Ein gewisses Maß an Macht ist nötig, um zu leben. Das gilt für den einzelnen wie für die Völker. Es geht „nur" darum. Aber dieses „nur" ist schwer feststellbar. Wer vermag die Demarkationslinie zu finden: bis hierher und nicht weiter! Solange wir um unser Lebensrecht kämpfen, scheint mir dieser Kampf legitim. Wenn wir aber versuchen, andere zu unterdrücken, ihre Lebensrechte zu beschränken, ist diese Demarkationslinie überschritten.

Politik bedeutet eben die Kunst des Möglichen. Und das ist in unserem Falle besonders schwierig; denn Israel ist das mündigste unter den Völkern. Wir können nie sagen: Wir haben nicht gewußt, was Recht und Unrecht ist. Uns ist es gesagt vom Sinai her. Und der Prophet Amos erklärt: „Euch allein habe ich erkannt unter allen Geschlechtern der Erde, auf daß ich an euch heimsuche alle eure Sünden." Wir können nicht jene Entschuldigung vorbringen, wie ich es oft nach der Naziherrschaft in Deutschland gehört habe: „Das war uns allen gar nicht klar, das haben wir nicht erkannt." Wir sind erkannt und müssen daher erkennen, was gut und böse ist. Das heißt nicht Verzicht auf jede Art von Macht; denn wir müssen leben und wir haben die furchtbare Zeit des Holocaust durchgemacht, die uns gezeigt hat, wie ein machtloses Israel, der Vernichtung durch die Umwelt ausgesetzt sein kann. Darum gilt es, den Leib zu bewahren, um die Seele heil zu halten. Vielleicht besteht die Demarkationslinie in dem Gleichgewicht zwischen Glaube und Selbsterhaltung. Wie es der Prophet Sacharja klar zum Ausdruck bringt: „Nicht durch Kraft und nicht durch Macht, sondern durch meinen Geist, spricht der Herr der Heerscharen." Und in seiner vierten Vision sieht der Prophet den siebenarmigen Leuchter, der nun in das Wappen Israels aufgenommen wurde und uns an diese Losung erinnern soll.

Es ist natürlich sehr schwer, einem solchen Anspruch gerecht zu werden. Mein verehrter Lehrer Martin Buber hat es in einer seiner letzten Reden über das Judentum „An der Wende" so ausgedrückt: „Wenn wir weniger wollen als mit uns gemeint ist, werden wir auch dieses Wenigere verfehlen." Wir dürfen uns nicht darauf zurückziehen und sagen: „Wir wollen sein wie alle anderen Völker." Das können wir gar nicht. Diese Sehnsucht nach den „Wonnen der Gewöhnlichkeit", um einen Ausdruck Thomas Manns zu gebrauchen, sehen wir bereits am Anfang der Geschichte Israels, als die Abgesandten der Stämme zu Samuel kommen und einen König verlangen, wie alle Völker ringsumher. Sie bekommen diesen König, doch entsteht aus diesem Wunsch etwas ganz anderes. Nach der kurzen Regentschaft Sauls kommt David. Und dieser wird für das Bewußtsein – nicht nur Israels, sondern der Welt – der Vater des Messias.

Vielleicht läßt sich diese innergöttliche Eigendynamik mit der Arbeit der Bienen vergleichen. Sie können gar nicht anders als immer wieder Bienenwaben zu erzeugen. So sind auch die Juden gehalten, immer wieder am Reiche Gottes zu bauen, selbst wenn sie es nicht wollten. Das zeigt sich selbst in einem säkularisierten Zionismus, wie auch im Sozialismus. Es ist nicht zufällig, daß die führenden Denker im Sozialismus bis heute Juden waren, von Karl Marx bis Ernst Bloch, zwar glaubenslose Juden, in denen aber doch etwas von ihrem prophetischen Erbe nachlebte. Es kommt letztlich nicht darauf an, was der Jude will, sondern was mit ihm gewollt ist. Ich möchte das als ein „objektives Schicksal" bezeichnen, das uns auferlegt ist, und dem wir nicht entfliehen können, so sehr wir es auch wollten.

Dieses „objektive Schicksal" ist ja immer an Menschen gebunden, es wird überliefert vom Vater zum Sohn, vom Sohn zum Enkel und Urenkel, von Generation zu Generation. Wie lebendig ist diese Tradition in Ihrer Familie?

Es bedeutet für mich in der Tat eine besondere Freude, daß ich durch meine beiden Enkelsöhne, die jetzt 14 und 15 Jahre alt sind, bereits eine dritte Generation in Jerusalem habe. Auch bei uns in Israel ist es gar nicht so selbstverständ-

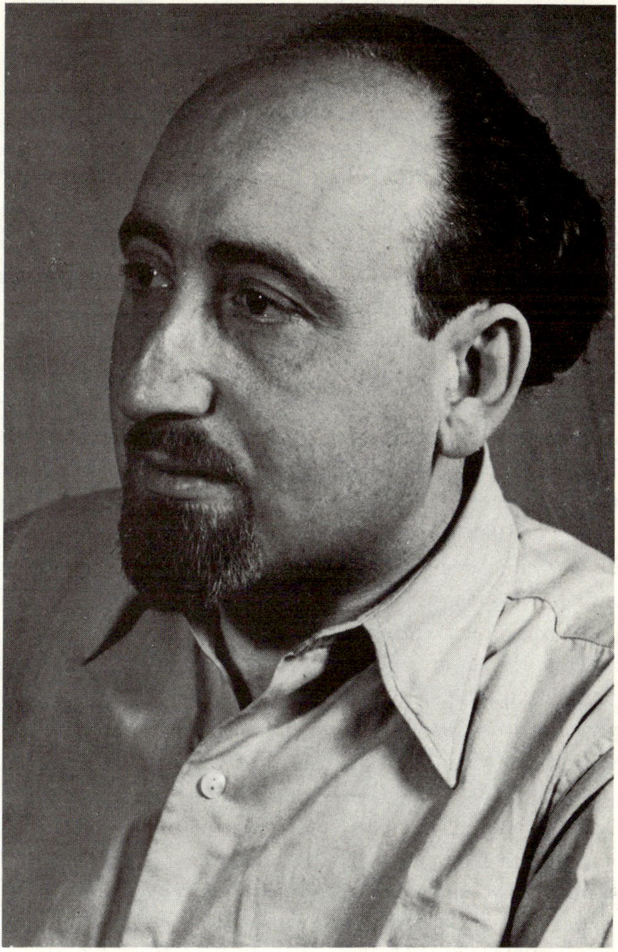

(Foto: Prisma, Jerusalem)

Jerusalem 1951.
Schalom Ben-Chorin, der Theologe.

lich, daß die junge Generation in die Fußstapfen der Väter tritt. Aber gerade im Judentum ist dieses Weitergeben, die Tradition, etwas so Entscheidendes. „Du sollst es deinem Sohn weitersagen an jenem Tage“, heißt es in den Vorschriften für das Passahfest im zweiten Buch Mose.

Leider hat sich oft in Israel eine falsche Alternative herausgebildet: auf der einen Seite für und auf der anderen ohne Gott. Da das religiöse Judentum oft von einer gettohaften Orthodoxie, einem geradezu mittelalterlichen Lebensgefühl her geprägt ist, habe ich nun versucht, eine dritte Position zu finden, wie ich es schon 1939 in meinem Buch „Jenseits von Orthodoxie und Liberalismus“ zu artikulieren begann. Und es ist mir mit Gottes Hilfe gelungen, diese dritte Möglichkeit in meiner Familie so zu verwurzeln, daß mein Sohn als Reformrabbiner an der von mir gegründeten Har-El-Gemeinde mein begonnenes Werk zu dem seinen gemacht hat und es fortsetzt. Auch unsere Tochter ist dort geistig beheimatet. Sie war eines der ersten israelischen Mädchen, das bei der Bath Mizwa-Feier in der Synagoge wie ein Knabe aus der Thora öffentlich vorlesen durfte und eine kleine Predigt hielt. Durch diese etwas ungewöhnliche Handlung konnte sie ihren Mitschülerinnen gegenüber demonstrieren, wie religiöse Emanzipation der jüdischen Frau schon im Mädchenalter erfolgen kann.

Vor allem ist es mir eine große Freude, daß meine Frau Avital an dieser Arbeit von Anfang an aktiv teilgenommen hat. Wir pflegen in unseren Gottesdiensten unter dem Psalmlosungswort „Singet dem Herrn ein neues Lied“ jedesmal irgendein Gedicht eines modernen hebräischen Dichters vorzutragen. Meine Frau gestaltete durch viele Jahre hindurch, bis auf den heutigen Tag, dieses Programm von Woche zu Woche neu. Sie hat die moderne hebräische Literatur auf Artikulationen des religiösen Gefühls hin abgehorcht und trägt dann auch meist selbst diese Verse vor. Das hat übrigens Schule gemacht; denn in den 13 inzwischen entstandenen Gemeinden der Reformbewegung kennt man heute solche Einlagen der modernen Dichtung.

Was sind eigentlich die Ursprünge der jüdischen Reformbewegung?

Die Reformbewegung ist schon über 150 Jahre alt. Sie ging von Deutschland aus, setzte sich dann in Mitteleuropa und in England fort. Zur vollen Entfaltung gelangte sie in den Vereinigten Staaten von Amerika, während es in Israel diese Richtung nicht in einer organisierten Form gab. So gründete ich zusammen mit einer Reihe von Freunden und mit Hilfe amerikanischer Reformkreise, im Jahre 1958, die erste Reformgemeinde in Jerusalem.

War die Reform nicht ursprünglich streng antizionistisch geprägt?

Ja, das ging im 19. Jahrhundert so weit, daß aus manchen Reformliturgien die Worte Zion und Jerusalem gestrichen wurden. Man versuchte, sich etwa im deutschen Reich neben der evangelischen und katholischen als eine Art „mosaische Kirche" zu etablieren. Die nationale Seite wurde völlig außer acht gelassen. Heute allerdings ist die „Weltunion für progressives Judentum", wie sich die Dachorganisation der Reformgemeinden nennt, Mitglied der zionistischen Organisation. Es geschah also so etwas wie eine Reform der Reform.

Wir in Israel standen nun vor der Frage: Wie können wir die Grundgedanken der Reform, die Unterscheidung von Bleibendem und Vergänglichem im Judentum auf die Verhältnisse in unserem Land übertragen? Was sich aus Europa und den Vereinigten Staaten anbot, konnte man nicht uneingeschränkt übernehmen. Zum Beispiel werden die Reformgottesdienste in Amerika zu 90 Prozent in englischer Sprache gehalten. Das kam natürlich für uns nicht in Frage. Wir wollten unseren hebräischen Gottesdienst. Infolgedessen konnten wir kein Gebetbuch aus der Diaspora übernehmen. So begannen wir, unsere eigene Liturgie zu schaffen, die viel stärker an das traditionelle jüdische Gebetbuch angelehnt war. Oder, in manchen Reformgemeinden der USA wurde der Gottesdienst am Sonntag und nicht mehr am Sabbat gefeiert. Der Sonntag war eben der freie Tag. Selbstverständlich führten wir in Jerusalem von Anfang an den Gottesdienst am Sabbat durch, der ja der offizielle Ruhetag in Israel ist.

Hat diese Suche nach neuen Formen nicht in den Diasporagemeinden manches Unverständnis hervorgerufen?

Allerdings. Eines Tages nahm ein Richter aus den Staaten, der eine führende Rolle in einer Reformgemeinde des amerikanischen Judentums spielt, an einem unserer Gottesdienste teil. Am Ende kam er spontan auf mich zu und sagte mit einem keep smiling: „Ihr Gottesdienst war wunderbar; aber warum beten Sie hebräisch? Nur die Orthodoxen beten hebräisch. Die Reform betet doch englisch." Ich erwiderte ihm: „Euer Ehren, es ist ein Grundsatz des Reformjudentums, in der Landessprache zu beten. Die Landessprache aber in Israel ist hebräisch." Das ging aber nur schwer in seinen schon etwas ergrauten Kopf hinein. Nun fragte er weiter: „Haben Sie eine ‚Sonntagsschule' für Ihre Jugend?" Ich sagte: „Nein, das haben wir nicht. Unsere Jugend geht am Sonntag in die Schule." Er konnte sich auch das nicht vorstellen. Der Religionsunterricht in den amerikanischen Gemeinden findet eben in der sogenannten Sunday School statt, weil die Kinder am Sonntag schulfrei haben.

Sie sehen, wie die anderen Formen des Lebens auch andere Formen des Gottesdienstes verlangen. Vor allem aber kommt eine Tiefenbindung hinzu, die es wohl in Israel, aber nicht in der Diaspora gibt: die Bindung an die hebräische Bibel. Jedes Kind lernt bei uns eine Menge darüber. Fünf Bibelstunden in der Woche sind in vielen Schulen üblich. Und das ist keineswegs als Religionsunterricht zu verstehen; denn die Bibel erweist sich als das Buch der hebräischen Sprache, der israelischen Heimatkunde, der Leitfaden der Archäologie und das klassische Werk unserer Geschichte. All diese Gesichtspunkte kennt die Diaspora nicht. Sie verstehen, warum unser Gottesdienst viel stärker auf die Bindung an die hebräische Bibel ausgerichtet ist als etwa in Amerika. So befinden wir uns bis heute in einem dynamischen Prozeß, der nie abgeschlossen sein wird. Und ich meine, hier liegt ein grundsätzlicher Unterschied zwischen dem orthodoxen und dem Reformjudentum. Die Orthodoxie kennt nur eine statische Größe; es darf nichts verändert werden. Sie läßt zwar Interpretationen gelten, aber grundsätzlich muß alles beim Alten bleiben. Für den Reformjuden gibt es die Heilswahrheiten des Glaubens, den jüdischen Monotheismus, die prophetische Ethik der Nächstenliebe, die messianische Hoffnung auf das Reich Gottes, aber alles, was zur Erscheinungswelt der Religion gehört, ist dem Wandel von Raum und Zeit unterworfen; zum Beispiel die Stellung der Frau. Wir haben heute bereits die ersten zum Reformrabbinat ordinierten Frauen in Amerika und England, wenn auch noch nicht in Israel.

Ist etwa das Reformjudentum mit der christlichen Reformation im 16. Jahrhundert zu vergleichen?

Die Situation ist eine andere. Zwar lehnt die Orthodoxie das Reformjudentum als etwas völlig Illegitimes ab; die Reformrabbiner in Israel haben bis heute noch nicht das Recht, etwa Trauungen auszuführen. Sie sind vom Staat nicht anerkannt. Andererseits aber ist das Judentum nicht nur eine Religionsgemeinschaft, sondern zugleich auch ein Volkstum. Wir haben zwar in den Augen der Orthodoxie Irrwege eingeschlagen, doch als Juden bleiben wir Brüder. Als der Oberrabbiner von Israel, Schlomo Gorem, vor einiger Zeit in einer Radiosendung gefragt wurde, wie er zu den Reformjuden stehe, antwortete er: „Ich bete darum, daß sie den Weg zum wahren Judentum wieder finden werden."

Ist dann für den Angehörigen der Orthodoxie der glaubenslose Jude, wie er sich etwa in linksradikalen Kreisen zeigt, leichter zu verkraften als der Reformjude?

In gewisser Hinsicht, ja, denn dieser erhebt nicht den Anspruch, ein legitimes, religiöses Judentum zu repräsentieren. Sicher kommt kein Reformjude auf den Gedanken zu sagen: wir sind die alleinseligmachende Synagoge, sondern ein Weg *im* Judentum. Historisch gesehen müssen wir erkennen, daß es immer verschiedene Gruppierungen gab. Denken Sie etwa an die Zeit des Neuen Testamentes. Die Pharisäer standen im Gegensatz zu den Sadduzäern. Daneben existierten noch die Essener, über die wir heute mehr durch die Rollenfunde von Qumran wissen. Warum sollten nicht auch heute verschiedene Wege nebeneinander bestehen? Aber leider ist es oft leichter, eine gemeinsame Sprache mit Christen zu finden als mit orthodoxen Juden. Deshalb liegt hier noch eine große Aufgabe vor uns …

Begegnung mit dem lebendigen Gott

Als Sie 1935 nach Jerusalem emigrierten, haben Sie Ihren Namen geändert. Der Münchner Fritz Rosenthal nannte sich von nun an Schalom Ben-Chorin. „Nomen est omen", ein Name kann ein Lebensprogramm bedeuten.

Das gilt in meinem Falle ganz besonders; denn diesen Namen habe ich als einen Wunschnamen frei gewählt. Das Wort Ben-Chorin bedeutet „Sohn der Freiheit"; und in der Haggada für die Passahnacht, jenem Volksbüchlein, das bei der Hausliturgie zu Beginn des Passahfestes gelesen wird, heißt es: „Dieses Jahr noch hier, das kommende Jahr im Lande Israels. Dieses Jahr noch Knechte, das kommende Jahr Benej-Chorin, freie Männer." Als ich in das Land Israel kam, sagte ich mir: „Jetzt wirst du ein Ben-Chorin." Allerdings benutzte ich diesen Namen schon seit 1931 in Deutschland als literarisches Pseudonym, nicht zuletzt deshalb, weil der Name Rosenthal außerordentlich häufig vorkam, fast wie Meier, Müller und Schmidt. Nun wurde aber in Israel Ben-Chorin mein legitimer Name, den ich im Paß führe. Meinen deutschen Vornamen Fritz habe ich frei übersetzt. Die Sprachwurzel ist ja Friedrich, Friedenreich, also Friede. Und das heißt auf hebräisch Schalom. So sehe ich tatsächlich in meinem Namen ein Programm: Friede, Sohn der Freiheit. Nur aus der Freiheit kann der echte Friede erwachsen.

So sind Sie eine Art Urvater dieses Namens geworden, der Begründer der Dynastie der Benej-Chorin?

Ja und nein; denn ein Blick in das Telefonbuch zeigt, daß auch noch andere Leute diesen Namen tragen. Natürlich wußten wir alle nichts voneinander. Die erste Begegnung dieser Art erlebte ich bereits im Jahre 1932 auf einer zionistischen Konferenz in Wien. Ich sah im Büro der Tagung einen Herrn mit einem Brief in der Hand, den er offensichtlich nicht recht entziffern konnte. Er drehte und wendete ihn, und ich erkannte die Handschrift meiner lieben Mutter in violetter Tinte. Ich trat auf ihn zu und stellte mich vor: „Ben-Chorin"; denn unter diesem Namen war ich auf dieser Konferenz registriert. Er sagte: „Ebenfalls: Ben-Chorin." – „Nun wird es mir klar", erwiderte ich. „Sie haben offensichtlich einen für mich bestimmten Brief bekommen." – „In der Tat, so mag es wohl sein. Ich kann das gar nicht lesen." Er verstand nämlich nicht deutsch. Er erwartete Briefpost aus Palästina und ich von meiner Mutter aus München. Um weiterhin Verwechslungen zu vermeiden, sah ich mich bald genötigt, einen Vornamen zu meinem Namen Ben-Chorin hinzuzufügen.

Die Worte Freiheit und Friede sind vielschichtige Begriffe, ähnlich wie das Wort Liebe. Was bedeutet für Sie Freiheit?

Freiheit bedeutet für mich nicht Bindungslosigkeit. Für den Juden, glaube ich, der sich seines Geschichtsschicksals bewußt ist, erklärt sich dieser Freiheitsbegriff durch die Heilsgeschichte. Wir wurden aus Ägypten befreit. Das war aber nur die erste Station. Die zweite ereignete sich am Berg Sinai, als Gott seinem Volk beim Bundesschluß sein Gesetz gab. Ich meine, wahre Freiheit erfährt der Mensch erst dann, wenn er sich in Freiheit für Gottes Gebote entscheidet. Alles ist vorgesehen, aber die Freiheit ist gegeben.

Und der Begriff Frieden?

Der Friede ist für mich mehr als ein Nichtkrieg, er ist letztlich eine Gabe Gottes. Im Mittelalter sprach man von „Treuga Dei“, vom Frieden Gottes. Das ist der echte Friede. Er ist unteilbar: der Friede in uns selbst, der Friede mit unserer Umwelt und mit der Welt draußen. Ich glaube, es ist nichts Zufälliges, wenn der Prophet Jesaja sagt: „Friede, Friede, dem Fernen und dem Nahen.“

Warum heißt es wohl nicht: Friede den Nahen und dann den Fernen? Zuerst kommt doch der mir am nächsten Stehende ...?

Wahrscheinlich liegt die Antwort darin, daß es viel leichter ist, Friede mit dem Fernen zu halten als mit dem Nahen, so wie es Schiller ausdrückt: „Leicht beieinander wohnen die Gedanken, doch hart im Raume stoßen sich die Sachen.“

Nicht nur die Sachen, auch die Menschen stoßen sich hart im Raume. Daher kommt es darauf an, daß wir versuchen, mit unserer Außenwelt in Frieden zu leben. Dann werden wir auch den inneren Frieden erlangen.

Das ist keine leichte Aufgabe.

Das Judentum war sich immer bewußt, daß uns dieses Werk nicht allein gelingt. Deshalb beten wir: „Der Frieden schafft in seinen Höhen, der schaffe auch uns und ganz Israel Frieden.“ In unseren Reformgemeinden fügen wir hinzu: „Und allen Menschen.“

Die Geschichte des Volkes Israel ist ja geprägt von der Begegnung mit diesem Einzigen in Seinen Höhen.

Gerade in unserer Generation haben wir erlebt, wie die beiden großen Pole des prophetischen Geschichtsverständnisses so deutlich geworden sind: Gericht und Gnade, Holocaust und Errichtung des Staates Israel. Ich habe zwar keine Antwort auf den Holocaust, wo sich uns die Frage der Theodizee, der Rechtfertigung Gottes angesichts einer solchen

Katastrophe mit einer Schärfe stellt, wie sie kaum in anderen Zeiten im Raume stand. Und doch ist es uns klar geworden, daß Holocaust nicht das letzte Wort sein kann. Sehen Sie, vor vier Jahrzehnten, am 20. Januar 1940, wurde in der Wannseekonferenz die „Endlösung" der Judenfrage, das heißt die Ermordung unseres Volkes beschlossen. Und acht Jahre später erfolgt die Errichtung des Staates Israel. Mußten wir da nicht an die Vision des Propheten Ezechiel im 37. Kapitel denken, wo er ein weites Feld voll toter Gebeine sieht, die verdorrten Gebeine des Hauses Israel. Da hört er eine Stimme: „Werden diese Gebeine leben?" Er gibt die Frage an Gott zurück: „Du weißt es." Dann erkennt er, daß diese Gebeine auferstehen und zusammenrücken. Es bilden sich Sehnen darum und Fleisch. Ein neuer sichtbarer Volkskörper entsteht. Mußten wir bei der Gründung des Staates Israel nicht an das Wort des Jesaja denken: „Eine kleine Weile habe ich mich von dir abgewendet; aber mit großer Barmherzigkeit will ich mich dir zuwenden, spricht der Herr, dein Erlöser." Genau das habe ich persönlich und im Leben meines Volkes erfahren: durch die tiefste Erniedrigung, durch Dunkelheiten hindurch, und schließlich durch die ungeahnte Auferstehung Israels.

Martin Buber sagte einmal: „Zeiten der Gottesfinsternis sind nötig."

Ja, das ist auch mir sehr klar geworden, sowohl für das Leben des Menschen als auch für das Leben der Völker. Wir könnten es nicht ertragen, wenn immer Tageslicht um uns wäre, wenn immer die Sonne schiene. Es muß auch die Nacht geben, um die Morgendämmerung wieder neu zu erleben. So sind diese Strecken der Gottesfinsternis auch von einem, von uns nicht sofort erkennbaren Segen gekennzeichnet. Erst in einem späteren Rückblick erkennt man oft die klare Führung Gottes.

Eine Art wöchentlicher Rückblick ist ja der „jüdische Sonntag", der Sabbat. Welchen Stellenwert hat in Ihrem Leben dieser Ruhetag?

Der Sabbat ist Ziel und Kristallisationspunkt der Woche in meinem Leben. Er beginnt bereits am Freitagabend und endet, sobald die ersten drei Sterne am Himmel stehen, am Samstagabend. Ich erinnere mich in diesem Zusammenhang an die Anekdote eines Freundes, des Schriftstellers Gerson Stern, der als kleiner Junge in der Schule aufgefordert wurde, die Wochentage aufzusagen. „Montag, Dienstag, Mittwoch, Donnerstag, Freitag, Freitagabend, Samstag, Sonntag." Die Lehrerin fragte erstaunt: „Warum sagst du denn Freitag und Freitagabend?" „Der Freitagabend ist doch etwas für sich", war die Antwort. „Das ist ein völliger Unsinn", erwiderte die Lehrerin. „Der Freitagabend ist der Abend am Freitag, der Donnerstagabend ist der Abend am Donnerstag, der Mittwochabend ist der Abend des Mittwoch." Doch der kleine Gerson ließ sich nicht beirren. „Nein, der Freitagabend ist etwas völlig anderes."

Die Pädagogin rief daraufhin die Mutter des Schülers zu sich: „Ihrem Kind kann man unmöglich die Sache mit dem Freitagabend austreiben." Die Mutter lachte: „Sie müssen verstehen, wir sind eine jüdische Familie. Am Freitagabend entzündet die Mutter die Lichter am Sabbattisch. Die Tafel ist festlich gedeckt, Wein und Brot stehen darauf. Der Vater singt den Segen darüber. Für meinen Sohn ist das natürlich etwas völlig anderes als die übrigen Abende in der Woche."

„Wenn ihr nicht werdet wie die Kinder ..." Auch für mich hat der Freitagabend einen ganz anderen Stellenwert als der Mittwoch- oder Donnerstagabend. Da schalte ich tatsächlich ab. Ich bin zwar kein orthodoxer Jude und halte mich deshalb nicht an jede einzelne Vorschrift, aber alles, was mich mit dem Werktag verbindet, lasse ich zurück. Wir besuchen mit der ganzen Familie in unserer Reformsynagoge den Gottesdienst. Dann folgt die häusliche Feier. Meistens sind dabei einige Gäste anwesend, sehr häufig christliche Gäste. Am Sabbatmorgen pflege ich auch den Gottesdienst zu besuchen und die Thora-Lesung zu hören. Sehr oft habe ich den Gottesdienst selbst gestaltet und das Wort der Schrift ausgelegt. So halte ich den Sabbat heilig, ohne mich an alle Einschränkungen des orthodoxen Gesetzesverständnisses gebunden zu fühlen.

Der hebräische Kulturphilosoph A'had Ha-Am sagte einmal: „Der Sabbat hat Israel mehr bewahrt als Israel den Sabbat."

In der Tat ist das richtig. Dadurch, daß man *einen* Tag in der Woche die täglichen Sorgen und Aufgaben von sich fernhält und diese Stunden der Einkehr, der Besinnung, des Gebetes pflegt und Gottes Wort durch die Schriftlesung des sabbatlichen Abschnittes aus der Thora und der Propheten sich zur Lebensregel macht, gewinnt man immer wieder neue Kräfte für die Woche.

Ich muß ehrlich gestehen, eines der großen Probleme im Ausland ist für mich der Sabbat. Die ganze übrige Woche fühle ich mich außerordentlich wohl; aber wenn nun der Freitagabend dämmert und ich so gar nichts von der Sabbatweihe ringsum spüren kann, da empfinde ich, was es heißt, in der Verbannung zu leben. Hier in Jerusalem kann man gar nicht umhin, diese Sabbatweihe zu empfinden. Alles wird still, der Verkehr ruht fast vollständig, die öffentlichen Verkehrsmittel sind eingestellt. Hunderte gehen an jedem Freitagnachmittag zur Mauer, oder in die vielen Synagogen, um zu beten. Man spürt, der Sabbat beginnt, und an seinem Ausgang wird es deutlich, daß nun die Woche neu anbricht.

Dialogpartner zwischen Juden und Christen

Herr Ben-Chorin, man bezeichnet Sie gerne als einen Vorkämpfer des jüdisch-christlichen Dialogs, vor allem im deutschsprachigen Raum. Wie fiel Ihnen diese Aufgabe zu?

Dieser Dialog ist sehr teuer erkauft und zwar mit dem Blut von sechs Millionen jüdischer Opfer. Erst angesichts der ausgebombten deutschen Städte und der Konzentrationslager, den „Wohnungen des Todes", wie es die jüdische Dichterin Nelly Sachs nannte, entstand auf der christlichen Seite ein Bewußtsein der Schuld, verursacht durch Schweigen, durch Wegsehen. Es wurde vielen klar, daß Jesu Wort: „Was ihr einem der geringsten unter diesen meinen Brüdern getan habt, das habt ihr mir getan", hier vielfach nicht gehört wurde. Obwohl ja kein Zweifel besteht, daß Juden die Brüder Jesu dem Fleische nach sind, hat man dem jüdischen Nachbarn, dem jüdischen Arbeitskollegen, dem jüdischen Arzt, dem jüdischen Anwalt, mit denen man zu tun hatte, in den meisten Fällen nicht geholfen.

Als dann am 14. Mai im Jahre 1948 der Staat Israel gegründet wurde, nahm dieses *Gespräch aus der Schuld* eine neue Wende. Es folgte sozusagen eine zweite Phase, nämlich das *Gespräch aus dem Staunen.* Heute stehen wir in einer dritten Phase, dem *Gespräch aus der Existenz,* und zwar aus der christlichen Existenz auf die jüdische hin und umgekehrt. Der Christ erkennt auf der Suche nach der eigenen Identität die Wurzeln seines Ursprungs im Judentum. Gleichzeitig sieht der Jude sich vor den Imperativ gestellt, den Rabban

Gamaliel im 5. Kapitel der Apostelgeschichte an die Mitglieder des Hohen Rates richtet: „Wenn es aber von Gott ist, werdet ihr es nicht dämpfen können." Genau dies ist im Christentum der Fall. Wir wissen von über 30 messianischen Bewegungen im Judentum. Sie alle sind vergangen, nur der Historiker kennt noch einzelne. Was aber mit Jesus von Nazareth begann, dauert durch fast zwei Jahrtausende hindurch bis in unsere Zeit hinein. Und das fordert uns Juden heraus, in dieses Gespräch einzutreten. Diese beiden Wirklichkeiten, Kirche und Synagoge, müssen einander Rede und Antwort stehen.

Ich habe diesen Dialog nicht gesucht. Vielmehr war es mein verewigter Freund, der schon erwähnte Pfarrer der schottischen Kirche in Tiberias, Reverend G. L. B. Sloan, der in den Jahren 1941/42 damit begann. Sloan war ein Schüler des Schweizer Theologen Karl Barth und hatte eine Schrift von mir gelesen: „Zur religiösen Frage in Palästina". Er besuchte mich eines Tages ganz spontan in Jerusalem. Als wir uns in meinem Arbeitszimmer gegenüber saßen, sagte er: „Sie haben in Ihrer Analyse der religiösen Lage in Palästina nur die jüdische Seite beleuchtet, nicht aber die christliche." Ich antwortete ihm: „Ja, dazu wären Sie wohl besser der berufene Mann." – „Aber sollten wir nicht unsere Erfahrungen austauschen?", schlug er vor. Und so begann mitten im Zweiten Weltkrieg in Jerusalem dieser Dialog. Er wurde dann auch öffentlich weitergeführt und vielfach mißverstanden. Man kannte damals in diesem Land nur das Missionsgespräch: die Mission unter Israel. Mir aber stand sehr deutlich vor Augen, daß zwischen dem Dialog und dem Missionsgespräch ein grundlegender Unterschied besteht. Ich formulierte es damals bewußt pointiert: „Mission ist Überredung. Dialog ist Unterredung."

Nach dem Krieg bildeten sich langsam wieder neue Kontakte zu Deutschland. Ich besuchte über 33mal die Bundesrepublik und sprach in evangelischen und katholischen

(Foto: Alice Holz, Jerusalem)

Jerusalem 1960.
Schalom Ben-Chorin, der Dialogpartner.

Akademien, als Lehrbeauftragter an theologischen Fakultäten, vor Studentengemeinden, in Kirchen, im Rundfunk und im Fernsehen. Immer stand im Mittelpunkt dieser Gespräche das Problem der christlich-jüdischen Begegnung.

Es war im Jahre 1965, als ich im Süddeutschen Rundfunk Stuttgart im Rahmen einer Sendereihe „Juden, Christen, Deutsche“ einen Vortrag hielt: „Jüdische Fragen um Jesus“. Diese Sendung fand einen so starken Widerhall, daß mich in Laufe des Jahres Hunderte von Briefen erreichten. Da ich unmöglich alle diese Briefe beantworten konnte, sagte ich mir: „Da mußt du ein Buch schreiben. Das ist viel besser als jedem einzeln zu antworten.“ So entstand der Band: „Bruder Jesus. Der Nazarener in jüdischer Sicht“. Nun geht es fast jedem so, der ein Buch über Jesus veröffentlicht, daß er noch eines über Paulus schreibt. Denn wir sehen, ob wir es wollen oder nicht, die Gestalt Jesu durch die Brille des Paulus. Die paulinischen Briefe sind älter als die Evangelien. Also können wir gar nicht umhin, diese zentrale Figur des Christentums mit einzubeziehen. So entstand ein zweiter Band: „Paulus. Der Völkerapostel in jüdischer Sicht“. Während es eine große jüdische Leben-Jesu-Literatur gibt, finden wir relativ wenig über Paulus, denn viele jüdische Forscher sind der Ansicht, daß Jesus Jude geblieben ist. Er lebte, lehrte und litt bis zum letzten Atemzug als Jude. Mit Paulus beginne aber die Trennung von dem Hause Israel. Ich denke hier anders und habe Paulus als den Schüler des Rabban Gamaliel dargestellt, der von sich sagt: „Ich bin ein Hebräer aus dem Stamme Benjamin, ein Pharisäer von Pharisäern“, das heißt also ein Schüler der Pharisäer. Er ist dies in seiner theologischen Haltung auch *nach* dem Erlebnis von Damaskus geblieben, nur folgt er der ihm gesetzten Richtung.

So versuchte ich also, auch Paulus aus seiner jüdischen Immanenz heraus zu verstehen.

Schließlich unternahm ich noch etwas, was ganz wenige taten: ich schrieb einen dritten Band: „Mutter Mirjam. Maria in jüdischer Sicht". In diesem Buch versuchte ich, Maria ganz einfach als diejenige darzustellen, die sie ursprünglich war: eine junge orientalische jüdische Mutter. Während ich anfangs fürchtete, ich würde mich damit in katholischen Kreisen untragbar machen, trat genau das Gegenteil ein: So wurde ich zum Beispiel im Marienmonat 1981 nach Wien berufen, um dort mit dem katholischen Theologen Gottfried Bachl, Professor für Dogmatik an der Philosophisch-Theologischen Hochschule in Linz, in einer einstündigen Fernsehsendung über das Thema „Maria, Himmelskönigin oder jüdische Mutter?" zu diskutieren. Zu Beginn wurde Schuberts „Ave Maria" gespielt. Dazu sah man eine Beduinin mit einem großen Lastkorb auf dem Kopf durch den Wüstensand des Negev gehen. So also konnte man sich die ursprüngliche Mutter Mirjam vorstellen; heute wahrscheinlich mehr einer arabischen Fellachin ähnlich; denn die arabische Frau hat ja viel stärker dieses Urbild der biblischen Frau bewahrt als die Jüdin, die durch die vielen Länder der Verbannung, der Diaspora, gegangen ist, bis sie wieder in das Land des Ursprungs zurückkehrte.

So gelangte ich durch diese drei Bücher in sehr viele christliche Gremien und wurde, ohne daß ich es gesucht hätte, ein Spezialist für den christlich-jüdischen Dialog. Und ich möchte mit aller Dankbarkeit bekennen, daß ich von meinen Hörern und natürlich auch von meinen Gesprächspartnern, zu denen Theologen beider Konfessionen gehören, sehr viel gelernt habe. Ich drang nicht nur tiefer in das Christentum ein, sondern durfte dadurch auch mein eigenes Judentum schöner und deutlicher sehen als ich es vorher erkannt hatte. In ähnlicher Weise erging es umgekehrt vielen meiner christlichen Gesprächspartner.

Und wie erklären Sie sich dieses Phänomen?

Sehen Sie, gerade auf dem Gebiet der Religion spielt die Tradition eine außerordentlich große Rolle. Wir sollen zwar die Tradition ehren, aber die Routine vermeiden. Das sagt sich sehr leicht, ist aber schwer durchzuführen. Vor allem wenn man sich bemüht, den eigenen Glauben zu „praktizieren", wie die Katholiken gerne sagen, besteht die Gefahr, daß vieles selbstverständlich wird. Das geht den Christen und den Juden so. Nur in der Begegnung von Angehörigen beider Religionen wird jeder auf die Elemente seiner eigenen Existenz hin befragt: Warum tust du das, warum tust du jenes nicht? Warum glaubst du anders als ich? Welche Gründe hast du dafür? Wir werden hinterfragt. Das halte ich für außerordentlich wertvoll; denn es muß klar sein, daß der Glaube das Unselbstverständlichste in der Welt ist. Wir glauben trotz aller Erfahrungen des Bösen, des Negativen, des Schattens an das Gute, an das Sinnvolle, an das Licht, das uns in Gott gegeben ist. Trotzdem sage ich, und dieses *Trotzdem* wird im Dialog sichtbar. Ich möchte diese Frage damit beschließen, indem ich ein Wort aus dem Neuen Testament variiere: Der überwältigte Vater sagt zu dem heilenden Jesus im Evangelium: *„Ich glaube, hilf meinem Unglauben."* Genau das sollen wir hier zueinander sagen: „Ich glaube, jüdischer Bruder, jüdische Schwester, christlicher Bruder, christliche Schwester, hilf meinem Unglauben." Wir können einander in der Nacht des Unglaubens helfen. Ich habe das in dunkelster Zeit, im Kriege, in einem Vers so ausgedrückt:

„Die wir ein Licht in Händen tragen,
vom Wind bedroht,
wir wollen Liebe zueinander sagen
in dieser Not.
Es sollen unsere Lichter fackelgleich
zusammenschlagen für das *eine* Reich.
So sei in aller tiefster Weltennacht
ein neues Licht am ewigen Licht entfacht."

So ist wohl das ewige Gespräch um das Ewige *zum schicksalhaften Bestandteil ihres Lebens geworden?*

Mir steht in diesem Zusammenhang ein prophetisches Wort vor Augen, das im Hinblick auf den Anbruch des Reiches Gottes sagt: „Es wird keiner mehr den anderen belehren und sprechen: erkenne den Herrn, sondern sie *werden* mich alle erkennen, groß und klein, spricht der Herr."

Diese allgemeine Gotteserkenntnis, die weder Religionen noch Konfessionen zuläßt, ist für das Ende der Tage gegeben. So können wir von unserer Perspektive aus wohl von einem ewigen Dialog sprechen, der in die Ewigkeit einmündet. Diese Erkenntnis bewahrt mich vor der Ungeduld, die erwartet, daß die eigene Position die des Gesprächspartners wird. Es geht hier um eine Geduld, die etwas vom Atem der Ewigkeit schöpft, die im Jakobusbrief als eine besondere Tugend gepriesen wird, und die meiner Meinung nach nicht nur eine christliche, sondern auch eine jüdische, eine humane Tugend ist.

Sicher wird es uns nicht innerhalb *einer* Generation gelingen, Vorurteile von zwei Jahrtausenden abzubauen, aber mit dieser heiligen Geduld mag es uns beschieden sein, einander in Liebe zu begegnen. Wir verlieren dann nicht so schnell den Atem und wir sind auch eher bereit, *miteinander* eine weite Strecke des Weges zu gehen.

So bedeutet für mich dieses ewige Gespräch um das Ewige ein Hineinragen der Ewigkeit in unsere Zeitlichkeit, wodurch schon ein Stück Reich Gottes vorweg genommen ist. Wir nähern uns einander in der Nacht der „Gottesfinsternis" mit einem kleinen flackernden, aber neuem Licht in der Hand, von dem ich eben gesprochen habe. So ein Fünkchen neues Licht, entfacht am ewigen Licht, kann in solchen Gesprächen, wenn sie vorbehaltlos geführt werden, aufglimmen. Selbst Dunkelheiten des Abgrunds vermögen diesen Funken Lichts nicht mehr zu verschlingen. Er ist nun einmal entzündet und er wird weiter leuchten durch die Nacht.

So wird in diesen Gesprächen gleichzeitig ein Stück Acker Gottes aufbereitet?

Das Bild vom Acker Gottes finden wir in der Bibel zweimal: „Ackert euch einen neuen Acker." Ich meine, das gilt sowohl für uns Juden als auch für euch Christen. Von beiden Seiten her müssen wir das Feld, das uns im Wort Gottes gegeben ist, beackern. Nur so kommen wir zueinander. Ich habe das auch wirklich in diesen Dialogen erfahren, so daß unser *Reden über Gott zu einem Sprechen zu Gott* wurde. Ich erlebte gemeinsame ökumenische Gottesdienste, die für mich so etwas wie ein pfingstliches Ereignis wurden.

Da sprach ich zum Beispiel auf einer Tagung des „Christlichen Friedensdienstes" über Kirche und Synagoge, Judentum und Christentum. Zum Schluß sollte ein Gottesdienst stattfinden, bei dem man ein gemeinsames Credo sprechen wollte. Einer der Herren sagte: „Wir sind hier Katholiken und Protestanten der verschiedensten Denominationen zusammen. Was uns aber alle miteinander verbindet, ist das apostolische Glaubensbekenntnis." Ich dachte mir: „Da schlage ich mich am besten seitlich in die Büsche." Den ersten Absatz vermag ich noch mitzuvollziehen: „Ich glaube an Gott den Vater, Schöpfer des Himmels und der Erde." Aber damit ist es schon aus. Ich kann unmöglich das Bekenntnis der christlichen Kirchen mitbeten. Aber als der einzige Jude in diesem Komitee, sah ich mich in einer rettungslosen Minorität. Ich schwieg. Doch das Wirken des Heiligen Geistes lag im Raum. Da stand eine junge Pastorin aus Ostberlin auf und sagte: „Liebe Brüder und Schwestern, wie sollen denn unsere jüdischen Freunde an diesem Gottesdienst teilnehmen, wenn wir vom apostolischen Glaubensbekenntnis ausgehen? Haben wir nicht im Fünften Buch Mose 6,4 eine gemeinsame Grundlage, wo es heißt: ‚Höre Israel, der Herr unser Gott, der Herr ist Einer.' Jesus empfiehlt uns dieses Gebot und das der Nächstenliebe, das vornehmste aller Gebote. Also sollten wir Christen aus vollem Herzen das bekennen, wozu natürlich auch unsere jüdischen Brüder ja sagen können, denn das ist das Glaubensbekenntnis Israels."

Der Vorschlag wurde einstimmig angenommen. Ich selbst durfte in hebräischer Sprache diese Verse in der Weise vortragen, wie sie in unserer Synagoge in Jerusalem gesungen werden. Dann erklangen sie in vielen Sprachen: auf englisch und schwyzer-dütsch, in einer Negersprache ... Ich werde diesen Moment nie mehr in meinem Leben vergessen, ein Augenblick, der nicht vorher geplant war, der sich aus dem Anruf der Stunde ergab.

Ich halte sehr viel von Spontaneität, von der unmittelbaren, nicht bis ins einzelne geplanten Begegnung. Deshalb glaube ich nicht so sehr an die Gespräche zwischen Judentum und Christentum. Die „Tümer" werden sehr schnell zu Ungetümern, sondern ich glaube vielmehr an ein Gespräch zwischen Juden und Christen, ohne daß wir als Repräsentanten von etwas auftreten müssen. Ich repräsentiere nur mich, aber damit gleichzeitig auch meine jüdische Existenz, ein Stück dessen, was mir als Erbgut überkommen ist. Dasselbe erwarte ich von meinem christlichen Gesprächspartner, ohne daß er sich offiziell oder offiziös geben muß.

Sie waren Mitbegründer der „Arbeitsgemeinschaft Juden und Christen beim Evangelischen Kirchentag" (1961). Wie kam es eigentlich dazu?

Das ist eine ganz merkwürdige Sache. Im Sommer 1961 nahm ich in London an einer Konferenz des progressiven Judentums teil. Da kam der leider inzwischen schon verstorbene Pfarrer Leuner, ein Mann selbst jüdischer Herkunft, zu mir ins Hotel und überbrachte eine telegrafische Einladung des Präsidenten des Kirchentages. Aus meinem Erstaunen heraus fragte ich in voller Naivität: „Was soll ich denn auf einem deutschen evangelischen Kirchentag?" Darauf erklärte mir Leuner, daß sich eine kleine ökumenische Initiativgruppe gebildet habe, die den Wunsch hege, auch einen Vertreter aus

Jerusalem auf dem Kirchentag zu haben. Außerdem ginge es um die Schaffung einer Arbeitsgruppe Juden und Christen.

Auch wenn ich jetzt einigermaßen verstanden hatte, was meine Aufgabe dort sein könnte, so fuhr ich doch mit einem etwas zweifelnden Herzen nach Berlin. Dort aber war ich überwältigt von einer Welle des guten Willens, die mir entgegenschlug. Es ist sicher wesentlich, daß nicht nur die jüdische Diaspora, sondern auch Israel bei dieser Gründung vertreten war; denn das Judentum kann heute nur in dieser Bipolarität gesehen werden.

Es kam zu einer sehr harmonischen Zusammenarbeit unter der Schirmherrschaft des Propstes Heinrich Grüber aus Berlin, eines verehrungswürdigen Mannes. Grüber war mir schon als christlicher Zeuge im Eichmann-Prozeß in Jerusalem begegnet, und sein Name ist im sogenannten Jerusalem-Wald auf einem Gedenkstein zu finden. Heute ist übrigens die Arbeitsgruppe Juden und Christen zu einem integralen Bestandteil des evangelischen Kirchentags geworden.

Sie erhielten 1975 für Ihr Buch „Bruder Jesus" von der Theologischen Fakultät der Universität Tübingen den sogenannten Leopold-Lucas-Preis. Auch das war eine offizielle Anerkennung für Ihr Bemühen um den jüdisch-christlichen Dialog.

Als der erste Preisträger dieser Stiftung begann ich mich natürlich auch für die Gestalt jenes Mannes zu interessieren, an dessen 100. Geburtstag mir diese Ehrung zuteil wurde. Leopold Lucas war Rabbiner in Glogau, später dann Dozent in Tübingen und veröffentlichte wertvolle historische Arbeiten über die Juden im Byzantinischen Reich. Von den Nazis wurde er in das Konzentrationslager Theresienstadt deportiert und ist dort 1943 verhungert. Sein Sohn, der als Konsul lateinamerikanischer Staaten in London lebt, hat diesen Preis zum Andenken an seinen Vater gestiftet im Hinblick auf die Verständigung zwischen den Religionen und Nationen, Gruppen und Klassen.

Das Kuriosum bei der Verleihung war, daß seit dem 500jährigen Bestehen der Theologischen Fakultät an der Universität Tübingen erstmals ein jüdischer Autor einen Preis verliehen bekam, der noch dazu zum Andenken an einen Rabbiner gestiftet worden ist. Man kann hier wirklich von einer ökumenischen Verflechtung sprechen ...

Jesus als Bruder

Max Nordau, Mitarbeiter und Freund Theodor Herzls sagte einmal: „Jesus ist die Seele unserer Seele, wie er das Fleisch unseres Fleisches ist.“ Wie verstehen Sie diese Aussage?

Martin Buber hat in einer früheren Darstellung Jesus als den „zentralen Juden“ bezeichnet. Ich möchte mich dieser Formulierung anschließen. In Jesus von Nazareth sind die Urelemente des jüdischen Glaubens gewissermaßen Person geworden. Wenn er für mich auch nicht der Messias oder der Sohn Gottes oder die Fleischwerdung des göttlichen Wortes ist, so haben doch in ihm der Glaube und die Liebe in unübersehbarer Weise Gestalt gewonnen. Der von der christlichen Theologie manchmal vertretene Antagonismus von Gesetz und Liebe ist in seiner Person aufgehoben. Er hat uns vorgelebt, wie das Gesetz *durch* die Liebe zu erfüllen ist: nicht durch eine Abschaffung von Gottesgeboten – davon kann gar keine Rede sein –, sondern in der Erfüllung der Gebote durch die Liebe. So wird mir die Gestalt Jesu als die zentrale jüdische Figur eines großen Lehrers in Israel sichtbar und erlebbar. Und ich muß sagen: Mein jüdisches Leben würde ärmer, viel ärmer, wenn ich auf diese Gestalt verzichten müßte.

So ist wohl Jesus für Sie der ewige jüdische Bruder, der Sie an der Hand ergreift, damit Sie ihm nachfolgen können?

Diese Nachfolge besteht vor allem darin, daß ich mich oft in meinem Leben frage: „Wie hätte sich Jesus jetzt verhalten?“ Viele meiner jüdischen Entscheidungen, wie meiner menschlichen, existenziellen Entschlüsse habe ich an dieser für mich zentralen Gestalt orientiert. Ich erinnere mich an ein Plakat in meiner Jugend, es war das der Pazifisten. Nur eine Frage stand darauf: „Hätte Jesus ein Maschinengewehr bedient?“ Die Antwort konnte sich jeder leicht selber geben. Nein, auch ich konnte mir Jesus niemals am Maschinengewehr vorstellen ...

Oft denke ich an die Interpretation des Sabbatgebotes. So wie sie Jesus vorlebte, hat sie für einen progressiv-religiösen Juden etwas Beispielhaftes. Der Sabbat wird zwar geheiligt, aber er artet nicht zu einer Zwangsneurose aus. Übrigens findet sich ein ähnliches Wort im Talmud: „Der Sabbat ist euch gegeben, nicht ihr seid dem Sabbat gegeben.“

So mag wohl vieles, was wir in den Gleichnissen Jesu sehen, auch für das jüdische Leben entscheidend sein.

Ja, nehmen Sie das Beispiel vom barmherzigen Samariter. Wer ist mein Nächster? Derjenige, mit dem ich unmittelbar konfrontiert werde; derjenige, dem ich in einer Notlage helfen kann und deshalb helfen muß. Das sind Impulse, die weit über das Christentum hinausgehen und in das jüdische Menschenleben hineinragen. Es ist ja Geist vom Geiste Israel, der aus den Worten, Gleichnissen, Handlungen Jesu spricht. Und es ist interessant zu beobachten, wie sehr Jesus auf dem Hintergrund dieser jüdischen Tradition zu sehen ist.

So lebt wohl für viele Juden Jesus in seinem Volk fort, dessen oft leidvolle Geschichte er durch sein eigenes Sein verkörpert?

Durchaus! Ist das Kindlein in der Krippe zu Bethlehem nicht ein Gleichnis für die zahllosen, heimatlosen Judenkinder zur Zeit der NS-Verfolgung? Ist der am Kreuze blutig Verhöhnte nicht ein Gleichnis für sein ganzes Volk geworden, das immer wieder blutig gegeißelt am Kreuze des Judenhasses hing? Und ist der in der Osterbotschaft verkündigte

Auferstandene nicht ein Gleichnis für das aus der tiefsten Schändung der zwölf Jahre des Holocaust auferstandene Israel geworden?

In diesem Zusammenhang habe ich Jesu Gleichnis von der Heimkehr des verlorenen Sohnes auf ihn selbst übertragen: Jesus von Nazareth war für sein jüdisches Volk durch Jahrhunderte hindurch ein verlorener Sohn. Er kehrt heute wieder in das Vaterhaus Israels zurück.

Und wie erfolgt diese Rückkehr?

Ich möchte das an einem Beispiel deutlich machen. Als Yosef Klausner sein bedeutendes Werk: „Jesus von Nazareth" 1922 veröffentlichte und drei Jahre später, nach der Gründung der Hebräischen Universität, sein Lehramt antrat, durfte er keine Vorlesungen über Jesus und das Neue Testament halten. Das Thema war noch tabu. Er konnte zwar als Autor ein solches Buch veröffentlichen, aber er erhielt keinen Lehrauftrag zu diesem Thema. Heute hat dort Professor David Flusser den Lehrstuhl für Neues Testament im Rahmen der vergleichenden Religionswissenschaften inne. Nunmehr ist also möglich, was vor genau 60 Jahren als undenkbar erschien.

Außerdem erscheint es doch bemerkenswert, daß in den letzten fünf Jahrzehnten nicht nur eine ganze Reihe von wissenschaftlichen Arbeiten über Jesus von Nazareth von jüdischen Forschern publiziert wurde, sondern auch sehr viele Jesus-Romane und -Erzählungen entstanden. In jiddischer Sprache veröffentlichte Schalom Asch sein großes Werk: „Der Nazarener". Den schönsten Jesus-Roman in deutscher Sprache schrieb der damals in Tel Aviv lebende jüdische Schriftsteller Max Brod: „Der Meister". Außerdem möchte ich an das kleine, aber so bedeutsame Buch des letzten großen deutschen Rabbiners Leo Baeck erinnern, das den Titel trägt: „Das Evangelium als Urkunde der jüdischen Glaubensgeschichte". Auch wenn man diese Symptome nicht überschätzen darf, so ist doch ein gewisser Durchbruch in akademischen und literarischen Kreisen erfolgt.

Der geschichtliche Jesus von Nazareth, wie ihn die Evangelien zeigen, war ein Rabbi seiner Zeit, der immer wieder in seiner Aussage den Bezug zum Wort der Schrift herstellte.

Das ist ein Aspekt im Leben Jesu, der sehr leicht übersehen wird. Selbst seine Gegner erkennen ihn als Rabbi und Meister Israels an, wenn sie ihn fragen: „Wie erklärst du das?" Die Lehr- und Denkweise der Rabbinen bestand darin, daß sie jede Behauptung auf ein Schriftwort stützten. Diese Anlehnung an den entsprechenden Bibelvers zeigt sich durchgängig auch bei Jesus. „Wie steht geschrieben?" fragt er immer wieder. Oder wenn er während der Versuchung in der Wüste dem Satan erwidert: „Der Mensch lebt nicht vom Brot allein", so entgegnet er mit einem Zitat aus dem Fünften Buch Mose. Es ist die Denkweise Jesu, die seinen Worten Legitimität gibt, daß er die Thora oder die Propheten sprechen läßt.

Wie sehen Sie eigentlich als Jude den Opfertod Jesu zur Sühne für die Sünden der Welt?

Ich erkenne hier einen Bezug zu der sogenannten Opferthora. Sie wissen, das Blut der Opfertiere wurde vergossen zur Sühne für die Sünden der Menschen. Oder den „Sündenbock", der symbolisch mit den Sünden des Volkes Israel beladen war, schickte man in die Wüste hinaus, übrigens auf jene Straße, die von Jerusalem nach Jericho führt und auf der sich das Gleichnis vom barmherzigen Samariter abspielt. In meiner Erzählung „Der Sündenbock" versuche ich diese beiden Elemente miteinander zu verbinden.

Nun wird beim sogenannten Deuterojesaja in den Kapiteln 52 und 53 dieser Gedanke der Opferthora auf den „Knecht Gottes" übertragen. Die Schmerzen des unschuldigen Gerechten werden als ein Regulativ der Schöpfung eingesetzt:

Durch sein Leiden, durch sein Blut sühnt er die Sünde der Welt. Und hier stimme ich ganz mit Albert Schweitzer überein, wenn er sagt: „In der Gethsemane-Szene tritt Jesus in den Schatten des Knechtes Gottes." Weil ihm klar wird, daß er selbst diese Rolle übernehmen muß. Es ist die tragische Erkenntnis, daß durch das Blut des Unschuldigen das Reich Gottes herbeigeführt wird.

Ein Opfergang, der im Schrei der Verlassenheit am Kreuz seinen Höhepunkt erfährt ...

Ja, denn ich sehe hier einen Juden, der die tiefste Verlassenheit in der qualvollen Marterstunde am Ende seines Lebens bis zur Neige auskosten muß. Warum sage ich Jude? Weil sich ihm ein Psalmvers auf die sterbenden Lippen drängt: „Mein Gott, mein Gott, warum hast du mich verlassen?" Wir erfahren das geradezu groteske Mißverständnis, daß das „Eli, Eli" als ein Ruf nach dem Elias aufgefaßt wird. All das zeigt die Echtheit, die Unmittelbarkeit dieses Wortes.

Mein verehrter Lehrer Martin Buber sagte einmal: „Exegese ist die Kunst des Hörens." Man muß hineinhören. Da höre ich diesen Schrei als einen Urschrei, wie man heute in der Psychologie so gern sagt. Während wir oft in der Bibel – beispielsweise bei Abraham – lesen, daß ein Mensch „satt an Tagen" zu seinen Vätern eingegangen ist, so ist hier das Gegenteil der Fall: Wir sehen die furchtbare Verlassenheit eines Menschen, der sich ganz in seinem Leben mit Gott eins wußte und nun diese furchtbare Einsamkeit durchhalten muß. Wenn in einer christlichen Tradition von einer Höllenfahrt Jesu die Rede ist, so haben wir sie hier schon vorgegeben. Er muß in die tiefste Hölle der Verlassenheit hinabtauchen.

Natürlich kann von einer christlichen Perspektive her dieses Faktum nicht ohne die Osterbotschaft gesehen werden. Aber hier scheiden sich die Wege zwischen Juden- und Christentum ...

Sie sagten einmal: „Wo die Geschichte Jesu beim leeren Grab endet, beginnt die Geschichte Christi mit der Auferstehung." Was bedeutet für Sie dieser erhöhte Christus?

Ich habe an ihm nicht teil. Für mich endet tatsächlich auch die Geschichte mit dem Tode und der Grablegung Jesu. Aber ich sehe, daß er in seiner Gemeinde weiterlebt. Ich meine nicht, daß man die Auferstehung als ein geschichtliches Faktum registrieren kann. Ein katholischer Autor in unserer Zeit sprach davon, daß die Auferstehung ein *bezeugtes*, aber kein *bewiesenes Geschehen* ist. Dieser Formulierung schließe ich mich an. Bezeugt im Glauben und Leben seiner Gemeinde. Nicht bewiesen im Sinne einer historischen Faktizität. So bedeutet für mich der Glaube an die Auferstehung etwas Wesentliches, nämlich der Glaube der Christenheit, die den auferstandenen Herrn bezeugen will. Nun kommt es aber darauf an, welches Zeugnis diese ablegt; denn die Auferstehung wird mir nur dann glaubhaft, wenn ich eine Christenheit sehe, die diesem auferstandenen Meister nicht nur nach Galiläa, sondern in die ganze Welt nachgefolgt ist.

Aber wie viele haben unter Abermillionen Christen diese Nachfolge wirklich angetreten? Betrachten wir die Geschichte der Kirche, dann müssen wir uns allerdings fragen: Hat dieser Auferstandene seine Gemeinde mit in ein neues Leben geführt? Hier, glaube ich, muß sich die Christenheit einer Selbstprüfung unterwerfen. Ich möchte nur hoffen, daß heute etwas mehr von diesem erhöhten Herrn in seiner Gemeinde in der Welt spürbar wird ...

So läßt sich für den Nichtchristen der Glaube an die Auferstehung nur soweit beweisen als die Christen glaubwürdige Zeugen sind?

Ja, wie Jesus es selbst ausgedrückt hat: „An ihren Früchten sollt ihr sie erkennen."

Eine gemeinsame Hoffnung, die Juden und Christen miteinander teilen, ist die Erwartung des Reiches Gottes. Für den Christen ist dieses Reich schon angebrochen, wenn es auch in seiner ganzen Fülle noch nicht sichtbar ist. Welchen Unterschied sehen Sie hier zur Reich-Gottes-Erwartung des gläubigen Juden?

Für die jüdische Sicht stellt das Reich Gottes das Ende der Geschichte dar, während ich dieses, aus christlicher Sicht vorweggenommene Reich Gottes, nicht sehen kann. Martin Buber hat es so ausgedrückt: „Wir sehen diese Zäsur, die mit Golgatha beginnt, nicht." Sicher, es gibt Wegzeichen des Reiches Gottes, aber damit ist das Reich Gottes noch nicht angebrochen. Ich kann in einer Welt, in der wir den Holocaust, in der wir Auschwitz erlebt haben, in der es die Atombombe von Hiroshima, in der es Biafra und Vietnam gegeben hat, in der wir täglich von Mord und Verbrechen aller Art, von Krieg und Kriegsdrohung lesen, in einer Welt, die die schreckliche Möglichkeit eines Atomtodes vor Augen hat, keine postmessianische Welt sehen.

Es gibt einzelne Menschen, die – christlich gesprochen – wie von dem Siegel Christi geprägt sind, die sozusagen wie Boten eines künftigen Reiches auftreten, ein Franziskus von Assisi zum Beispiel, ein Albert Schweitzer, ein Dietrich Bonhoeffer und Mutter Teresa in unserer Zeit. So verschieden diese auch aussehen mögen, sie alle sind Bürger eines kommenden Gottesreiches.

Aber ich möchte solche Gestalten nicht nur auf das Christentum beschränken. Haben wir nicht solche auch im Judentum? Oder denken wir etwa an einen Mann wie Mahatma Gandhi, von dem der evangelische Kirchenpräsident Martin Niemöller einmal sagte: „Hier habe ich Christus ohne Christentum erlebt." Eine Beschränkung aber auf *einen* Glaubenskreis würde ich als tiefes Unrecht empfinden. Da möchte ich es lieber mit einem Worte des Evangeliums halten: „Der Geist weht, wo er will." Nicht nur in der Kirche, nicht nur in der Synagoge. Es gibt Menschen guten Willens in *allen* Nationen und in *allen* Religionen, die man als Bausteine für das Neue Jerusalem bezeichnen kann.

Das II. Vatikanum spricht von den verschiedenen Seinsweisen Gottes, durch die er unter den Menschen anwesend ist. Eine davon ist Gottes Gegenwart in seinem lebendigen Wort. Welchen Stellenwert hat für Sie, als gläubiger Jude, das Wort Gottes in Ihrem Leben?

Für mich geschieht Wort Gottes immer wieder neu zum Menschen hin, allerdings nicht in einem statischen Sinn verstanden. Von außen gesehen ist das Wort der Schrift ein Stück antiker Literatur; und ich gehe mit allen Maßstäben der philologisch-historischen Kritik an den Text heran.

Diese Haltung unterscheidet mich sicher von der eines orthodoxen Juden. Aber damit ist noch nicht alles geschehen; denn ich erlebe immer wieder, daß hier das Wort des lebendigen Gottes zu mir kommt, wenn ich meine Augen, Ohren, mein Herz öffne, um diese Botschaft zu hören.

Und was ist in dieser Haltung verschieden von der eines orthodoxen Juden?

Zum Beispiel durch die Frage etwa, ob Moses die Thora geschrieben hat oder ob es mehrere Quellen gibt, wie die Bibelkritik annimmt. Für mich ist das absolut keine Glaubensfrage. Das Wort Gottes geschieht zwischen den Menschenwörtern der Schrift.

Deshalb bleibt es für mich – theologisch gesehen – völlig belanglos, ob das Buch der Genesis von Mose stammt oder von Priestern aus dem Babylonischen Exil. Es stellt den Bericht über das Werden der Welt aus dem Wort und dem Willen Gottes in einer Weise dar, wie es für den Menschen der damaligen Zeit faßlich war. Deshalb fühle ich mich in keiner Weise genötigt, hier eine Kreuzigung meines Verstandes vorzunehmen.

Franz Rosenzweig, der Mitarbeiter Martin Bubers, sagte einmal sehr treffend: „Die Bibelkritik kennt das Sigel R. Und das bedeutet Redaktor. Buber und ich anerkennen dieses R. auch. Aber wir lesen nicht Redaktor, sondern Rabbenu, unser Lehrer. So wie Rabbenu, unser Lehrer, es uns überliefert hat, so nehmen wir es an. Aber wir sehen es als ein literarisch gewordenes und nicht ein vom Himmel gefallenes Offenbarungsdokument." So erkenne auch ich die menschliche wie die göttliche Seite, und dies im Sinne einer dialektischen Theologie.

Ein wahrer Israelit

Es ist eine altbekannte Tatsache, daß der Dialog unter den Religionen nur dann fruchtbar ist, wenn die Gesprächspartner zunächst in ihrem eigenen Glauben verwurzelt sind. Was bedeuten für sie die wichtigsten Pfeiler des jüdischen Bekenntnisses?

Ich möchte fünf nennen:

Erstens: Das Judentum ist zwar die Vorschule des Christentums, erschöpft sich aber keineswegs darin; es muß vielmehr in seiner Eigenständigkeit voll erkannt werden.

Zweitens: Gleichzeitig muß man sehen, daß das Judentum mit dem Alten Testament *nicht* identisch ist. So wie man in der Katholischen Kirche von *zwei* Quellen der Offenbarung spricht, der Heiligen Schrift und der Tradition, so gilt dasselbe Schema auch für uns: die hebräische Bibel und die Überlieferung, die mit Mose beginnt, der sie an Josua und die Ältesten des Volkes in ungebrochener Sukzession weitergab. Ihnen folgten die Propheten und schließlich die Männer der großen Synagoge, etwa um das fünfte vorchristliche Jahrhundert. Die Tradition setzt sich aber fort bis auf den heutigen Tag, so daß das Judentum eine dynamische Religion darstellt, die durch Interpretation ihre Aktualität gewinnt.

Drittens: Das Judentum gehört nicht der Vergangenheit an. Christlicher Sprachgebrauch läuft manchmal Gefahr, von den Festen und Bräuchen des Judentums in der Vergangenheit wie von einer antiken Religion zu reden, die der Geschichte angehört. Vielmehr hat das Judentum seine

Lebenskraft durch die Jahrtausende bewahrt und sich nach allen Verfolgungen immer wieder zu neuem Leben erhoben.

Viertens: Das Judentum ist keine monolithische Größe, vielmehr bildet es eine pluralistische Gesellschaft. So wie das Christentum sich in verschiedene Kirchen, Gemeinschaften, Denominationen ausdrückt, so verhält es sich auch mit dem Judentum. Die wichtigsten Glaubensströmungen sind heute: die Orthodoxie, also das gesetzestreue Judentum, welches das Erbe der Pharisäer angetreten hat. Man darf die Pharisäer hier aber nicht in der kritisch-negativen Form sehen, wie sie in den Evangelien erscheinen, sondern muß sie als die Träger der prophetischen Botschaft erkennen, die mit tiefem Ernst und ethischer Verantwortung das Gesetz Gottes dem Menschen tragbar machen wollte.

Die zweite Gruppe stellt das Reformjudentum dar, das im frühen 19. Jahrhundert als ein Kind der Emanzipation und der Assimilation entstand. Es ging dabei um die bürgerliche Gleichberechtigung der Juden und ihre Angleichung an ihre christliche Umwelt. Das Reformjudentum ging von Deutschland aus, verbreitete sich über Mittel- und Westeuropa und gelangte in den USA zu voller Blüte. Heute gibt es auch jüdische Reformgemeinden in Israel. Die Reform unterscheidet Bleibendes und Vergängliches im Judentum. Sie will die ewigen Glaubenswahrheiten, den Monotheismus, die prophetische Ethik und die messianische Hoffnung bewahren, während die Erscheinungswelt der Religion, Synagoge und Haus, dem Wandel von Zeit und Ort unterworfen ist.

Die dritte Gruppe ist das konservative Judentum. Es ist ebenfalls im frühen 19. Jahrhundert entstanden und hat sich von Deutschland ebenso wie die Reform nach Amerika hin entwickelt, wo es heute die größte jüdische Glaubensgruppe darstellt. Auch im Staate Israel hat es bereits Fuß gefaßt. Das konservative Judentum steht zwischen Orthodoxie und Reform und stellt eine Art Vermittlungstheologie her. Es nennt sich auch historisches Judentum und will alles im Judentum bewahren, was Lebenskraft behalten hat; nicht mit der Strenge der Orthodoxie und nicht mit der Freiheit der Reform, sondern im Ringen um eine lebendige Mitte.

Fünftens: Das Judentum stellt eine Einheit von Volkstum und Glauben dar. Als Jude wird man geboren, als Christ wird man wiedergeboren. Das Judentum hat Strukturen gewahrt, die im Altertum allgemein waren: die Zusammengehörigkeit vom *Volk, Land und Gott.* In den heidnischen Religionen stehen anstelle Gottes die Götter.

Obwohl das Judentum die im Bundesschluß gegebene Einheit von Volk, Land und Gott bewahrt hat, ist es doch von jedem Rassismus frei. Jeder Mensch kann zum Judentum übertreten, obwohl es keine missionarische Religion ist.

Da im Judentum Volkstum und Glaube nicht voneinander zu trennen sind, haben wir praktisch auch glaubenslose Juden, die keineswegs mehr eine Randerscheinung darstellen. Dem Grundriß nach möchten zwar Volkstum und Glaube eine unlösliche Einheit bilden, aber in unserer oft so glaubensschwachen Gegenwart gibt es viele Juden in Israel und in der Diaspora, die sich zu ihrem Volke bekennen, aber den jüdischen Glauben nicht mehr praktizieren. Das führt aber in der Regel nicht zu einem Austritt aus dem Judentum.

Die dritte Größe, das Land, ist natürlich das Land der Verheißung, das Land Israel, in welchem seit 1948 nach fast 2000 Jahren der Verbannung wieder ein souveräner jüdischer Staat entstanden ist. Nur wenn man den innigen Bezug des Volkes Israel zu seinem Lande von der Bibel her begreift, wird man den heutigen Staat Israel verstehen.

Sie sprachen einmal von der Überwindung des christlichen Antisemitismus. Was meinten Sie damit?

Man muß hier ganz verschiedene Formen unterscheiden. Der Begriff Antisemitismus stammt aus dem 19. Jahrhundert und ist von dem deutschen Historiker Wilhelm Marr erstmals 1879 formuliert worden. Es gibt allerdings schon antijüdische Elemente im Neuen Testament, vor allem im Johannesevangelium. Diese antijüdische Tradition hat in der Kirche Folgen gehabt, bis dahin, daß man die Juden als Gottesmörder diffamierte. Die Jahrhunderte des Mittelalters mit den furchtbaren Ausschreitungen in den Zeiten der Kreuzzüge, mit den grauenvollen Prozessen der Inquisition sprechen ihre eigene Sprache.

Gott sei Dank ist heute durch eine Neuinterpretation, durch ein neues Verstehen, gerade der neutestamentlichen Texte, der Ansatz gegeben, diese Seite zu überwinden. Zum Beispiel sind die Kapitel 9–11 im Römerbrief lange Zeit einfach übersehen worden, wo Paulus so deutlich sagt: „Hat Gott denn sein Volk verstoßen, das er vorher erwählt hat? Das sei ferne. Sie sind Geliebte um der Väter willen, wenn sie auch Feinde um des Evangeliums willen sind." Sie haben also die Erwählung und den Bund, die Väter und den Gottesdienst – damit ist der Tempeldienst gemeint – weiterhin für sich. Gott hat sein Volk nicht verstoßen, sagt der Apostel ausdrücklich.

Das alles hat man vielfach übersehen. Aber nicht die verhängnisvolle Stelle im Matthäusevangelium: „Sein Blut komme über uns und unsere Kinder." Auch hier muß eine Neubesinnung einsetzen. Die erste Frage ist: Inwieweit handelt es sich dabei um eine wirklich gesicherte Stelle? Wir haben diese sogenannte Selbstverfluchung nur als Sondergut des Matthäusevangeliums. Wenn dieses Ereignis aber wirklich so stattgefunden hat, dann müssen wir uns, auf Grund der Topographie Jerusalems, vorstellen, daß vor der Burg Antonia oder dem Herodespalast, dem Sitz des Prokurators Pontius Pilatus, höchstens einige hundert Leute versammelt sein konnten. Und wir wissen heute sehr wohl, was ein „organisierter Volkszorn" bedeutet. Sicher hat die Clique um den Hohenpriester Kaiphas, die den unangenehmen Mann aus Nazareth loswerden wollte, einige Schreier bestellt; vielleicht haben sie auch diese alttestamentliche Formulierung gebraucht. Ist dann damit das *ganze jüdische Volk* unter diese Selbstverfluchung zu stellen?

Selbst die Leute in Jerusalem, die an dieser spontanen Kundgebung nicht teilnahmen, hatten keine Ahnung von dem, was da geschah. Bei der damaligen langsamen Nachrichtenübermittlung erfuhren die Juden in Galiläa sicher erst Wochen später davon. Und die in der Diaspora, in Alexandrien und Rom lebenden Juden vielleicht erst nach Monaten oder Jahren.

Und doch sollten alle damit gemeint sein? Selbst durch die Jahrhunderte hindurch? Ich glaube, gerade Deutsche können heute eine solche furchtbare Identifizierung am besten nachvollziehen. Jeder junge Mensch in der Bundesrepublik wendet sich dagegen, mit den Untaten der Nazis in Zusammenhang gebracht zu werden. Er sagt mit Recht: „Ich war damals ein kleines Kind oder überhaupt noch nicht geboren. Es betrifft die Generation meiner Eltern oder die meiner Großeltern."

Aber nun sollte hier den Juden eine Kollektivschuld durch fast zwei Jahrtausende angelastet werden? Für mich ein völlig moralisch abwegiger Gedanke. Weiterhin muß man sich *theologisch* fragen: Hat die Selbstverfluchung eines verhetzten Volkshaufens mehr Gewicht als das hohepriesterliche Gebet Jesu am Kreuz: „Vater, vergib ihnen, denn sie wissen nicht, was sie tun." Geschah hier im Laufe der Jahrhunderte nicht eine furchtbare Entwertung dieses großen Wortes Jesu, wenn man den Juden „ihre Schuld" anlastete und dieses Wort der Vergebung sozusagen unter den Teppich kehrte? Übrigens spricht der *Hebräerbrief* deutlich davon, daß das Blut Abels, also des ersten Ermordeten, um Sühne von der Erde schreit, aber das Blut Christi vergossen ist zur Sühne für alle. Wenn nun diese Unwissenden Christi Blut über sich herabrufen, beschwören sie damit nicht das Blut der Vergebung über ihr eigenes Leben und das ihrer Kinder?

In der christlichen Lehre spricht man von Altem und Neuem Testament. Wie empfinden Sie als Jude diese Unterscheidung?

Ich kann diese eigentlich nicht mitvollziehen. Mein verehrter Lehrer Martin Buber hat einmal scherzhaft gesagt: „Gott macht keine Testamente, kein Altes und kein Neues." Auch wenn das Wort Testament im deutschen Sprachgebrauch eine andere Bedeutung gewonnen hat als der ursprüngliche Ausdruck „Bund". Ich meine nicht, daß nun der Alte Bund durch den Neuen abgelöst worden wäre, ich sehe vielmehr hier eine Entwicklung: Der erste Bund Gottes geschah mit Noah nach der Sintflut. Es ist ein Bund mit der *ganzen Menschheit.* Dann folgt eine Verengung durch den Bundesschluß mit dem *einen* Erwählten, mit Abraham. Die Szene erweitert sich durch die Bundeserneuerung am Sinai, mit dem ganzen Volk.

Schließlich ist für die Endzeit wieder die Erweiterung im Sinne des Noahbundes vorgesehen. Der Prophet Jeremia spricht im Kapitel 31 von einem neuen Bund mit der ganzen Menschheit. Dieses Wort hat die Christenheit ganz auf sich bezogen. Ich will ihr das gar nicht streitig machen. Tatsächlich sind hier Elemente dieses neuen universalen Bundes gegeben, der aber noch der Zukunft angehört. Wesentlich ist aber das Bundesverständnis, nämlich daß kein Bund den anderen aufhebt. Das Zeichen des Bundes mit Noah nach der Sintflut als dem Vertreter der ganzen Menschheit ist der Regenbogen, den Gott an das Firmament setzt. Der fromme Jude spricht tatsächlich einen Segensspruch, wenn er einen Regenbogen sieht. Der Noah-Bund besteht jedoch weiter, obwohl nun Gott seinen Bund mit Abraham geschlossen hat, der im „Sakrament" der Beschneidung seinen Ausdruck findet. Damit ist aber keineswegs gesagt, daß der Bund vom Sinai mit dem ganzen Volke an Bedeutung verliert. Vielmehr mündet jetzt Abrahams Bund in diesen Bund ein, bleibt aber gleichzeitig bestehen; sonst wäre ja das Zeichen des Bundes, die Beschneidung, nicht mehr aktuell. Und sie wird im Judentum bis heute weiter geübt. So sehe ich auch diesen Neuen Bund, von dem der Prophet Jeremia spricht, als eine Erweiterung des Sinaibundes, aber keiner der Bünde ist damit gekündigt.

Während die Kirche lange Zeit meinte, durch den Neuen Bund sei der Alte abgelöst, so erkennen heute christliche Theologen den *ungekündigten Bund* Israels an. Es geht hier also nicht um eine alternative Fragestellung, als sei die Kirche das Neue Israel und deshalb gäbe es keine theologische Relevanz mehr für die Juden. Genauso falsch wäre es, wenn Juden meinten, nur sie allein seien das Volk Gottes und die Christen wie die Goyim betrachteten die Heidenvölker, die das alte Israel umgaben. Wir müssen erkennen, daß wir beide zu demselben Gott Abrahams, Isaaks und Jakobs beten, der für die Christen auch der Vater Jesu Christi ist. Wir beide sind also in diese große Abrahamökumene hineingestellt. Ich meine, das größere Israel ist heute das wiedervereinigte Gottesvolk, das sich aus Juden und Christen zusammensetzt in einer neuheidnisch gewordenen Umwelt. Deshalb müssen die Juden bessere Juden, die Christen bessere Christen werden, um zusammen das Israel Gottes darzustellen. Also löst nicht ein Bund den anderen ab, sondern sie ergänzen einander.

Lassen sich dann in diesem ökumenischen Sinn die Worte Jesu aus dem Hohenpriesterlichen Gebet verstehen: „Vater, ich bitte dich, daß alle eins seien"? Auf daß Christen, Juden und Moslems gemeinsam der Welt die Gegenwart Gottes bezeugen …

Dem stimme ich völlig zu. Ich meine, wir müssen uns klar werden, daß Juden, Christen und Moslems sich auf Abraham berufen, und diese Ökumene der Kinder Abrahams ist das Gottesvolk der Zukunft. Ich rechne allerdings auch noch jene dazu, die außerhalb der Kirche, der Synagoge oder der Moschee stehen und Gottsucher und Gottfinder sind. Ein deutscher evangelischer Theologe, Müller-Gangloff, hat in diesem Zusammenhang von einem „dritten Gottesvolk“ gesprochen. Das sind jene, die nicht theologisch, dogmatisch gebunden und doch Zeugen des lebendigen Glaubens sind.

Und der Schweizer Theologe Leonard Ragaz hat darauf aufmerksam gemacht, daß zuweilen bei denen, die sich nicht als Gläubige bezeichnen, Gott inkognito anwesend sein kann. Dort, wo Werke des Friedens, der Liebe, der Gerechtigkeit, der Menschlichkeit realisiert werden, da ist, wie es der junge Buber ausdrückte, von einer „Verwirklichung Gottes zwischen den Menschen“ zu sprechen.

Das wäre dann das anonyme Gottesvolk.

Jawohl. Dafür gibt es auch ein biblisches Beispiel: Als Israel aus Ägypten zog, schloß sich ihm noch ein Haufen anderer Menschen an – die Bibel spricht davon –, die nicht zum Volk der Hebräer gehörten, aber mit in die Wüste gingen, um Gott zu dienen. So ist es bis heute geblieben, daß wir Juden, Christen, Moslems, aber auch andere mit in dieses Gottesvolk einbeziehen müssen, die durch ihre Lebenshaltung beweisen, daß sie dazugehören.

Dichter, Theologe, Publizist

Herr Ben-Chorin, wenn man auf Ihr schöpferisches Leben zurückblickt, so ist es eigentlich sehr von der Dichtung her geprägt. Wie kam es, daß Sie bei der Theologie landeten?

Mein Freund, der Altabt Laurentius Klein von der Dormitio Mariae auf dem Sionsberg, hat es einmal so ausgedrückt: „Ben-Chorin ist ein Wilderer im Wald der Theologie." Aber die Wilderer sind ja manchmal die besseren Schützen als die Förster. Ich kam tatsächlich zunächst von der Dichtung her. Ich veröffentlichte zwei Gedichtbände: „Das Mal der Sendung", „Die Lieder des ewigen Brunnens". Gewisse Einflüsse von Stefan George und Rainer Maria Rilke sind dabei unverkennbar. Nun war es sicher auch eine Folge der Auswanderung, daß diese lyrische Seite – die keineswegs abgestorben ist – nicht mehr so zentral blieb; denn die Resonanz fehlte einfach in einem Umkreis, der nicht mit der deutschen Sprache verbunden ist.

So wurde ich etwas abgetrieben, obwohl schon in meiner Jugendlyrik sich die theologischen Motive zeigten. Ich schrieb im Jahre 1934 einen Zyklus „Der Rabbi von Nazareth", sozusagen ein Leben Jesu in Versen aus jüdischer Sicht. So war mir vieles, das sich später in einem denkerischen Prozeß klärte, schon in der Jugend intuitiv klar. Später faßte ich meine biblischen Gedichte in einem Bändchen zusammen: „Aus Tiefen rufe ich".

Wahrscheinlich kann Theologie nirgends einen so natürlichen Boden finden wie in Jerusalem, wo Sie nun seit über einem Menschalter leben.

Ja, so bin ich tatsächlich hier mehr und mehr zu dieser theologischen Besinnung gekommen, auch wenn ich bereits in sehr jungen Jahren in Deutschland damit begann. Mein erstes Buch auf diesem Gebiet war „Jenseits von Orthodoxie und Liberalismus" (1937). In diesem Buch über die jüdische Glaubenslage der Gegenwart unternahm ich meine ersten theologischen Schritte, und zwar aus dem Bewußtsein heraus, daß es bei der allgemeinen geistigen Verwirrung notwendig ist, den eigenen Glauben darzustellen, um die Demarkationslinie wieder klar zu sehen. Es waren derartige Überlegungen, die mich zeitweise vom literarischen Arbeiten zum theologischen hinführten. Aber nie habe ich es als eine Alternative empfunden, entweder das eine oder das andere zu tun. Es war mir immer klar, daß ich mich auf mehreren Gebieten ausdrücken muß und es wohl auch kann. Ich schrieb auch zwei Dramen und eine ganze Reihe von Arbeiten auf epischem Gebiet, die zum Teil noch nicht vollendet sind.

Sie waren ja auch 34 Jahre lang Korrespondent der in Tel Aviv erscheinenden Tageszeitung „Jedioth Chadaschoth" (Neueste Nachrichten). Sie vertraten während des Freiheitskrieges 1948 die größte holländische Zeitung „Het Freie Volk". So war dieses Schaffen auf dem Gebiet der Journalistik wohl eine weitere Klaviatur, auf der sie zu spielen begannen?

Schlicht und einfach geschah dies aus der Notwendigkeit heraus, meine Familie zu ernähren. In diesen drei Jahrzehnten meiner journalistischen Tätigkeit versuchte ich drei Seelen in meiner Brust zu vereinigen: den Dichter, den Theologen und den Journalisten. Ich schrieb regelmäßig Feuilletons, weil hier das Literarische und das Journalistische eine gewisse Synthese eingehen, aber auch theologische Aufsätze zu allen Feiertagen.

Ich hatte dabei ein großes Vorbild vor Augen, den Journalisten Theodor Herzl, der schließlich zum Begründer des politischen Zionismus wurde. Einerseits schrieb er seine großen Programmschriften: den „Judenstaat", dann den utopischen Palästina-Roman „Altneuland". Aber daneben veröffentlichte er Feuilletons für die „Neue freie Presse", die gar nichts mit Zionismus und Judentum zu tun hatten. Von ihm stammt das Wort: „Ein gutes Feuilleton ist Unsterblichkeit für einen Tag." Man kann also, meine ich, auf verschiedenen Instrumenten spielen. Wahrscheinlich klingt immer ein Grundmotiv in allen diesen Tonarten an. Aber ich habe mich nie auf *eine* Äußerungsweise festgelegt. Man kann mir daraus eventuell den Vorwurf eines gewissen Dilettantismus machen. Das will ich gar nicht in Abrede stellen. Aber lieber bin ich ein Dilettant als ein Fachidiot, wie man so schön sagt, der sich nur auf eine ganz bestimmte Fragestellung einläßt. Ich meine, so wie wir im Leben frohe und ernste Stunden erfahren, so wie wir in ganz verschiedener Weise Stellung nehmen müssen, wenn der Alltag unsere Entscheidungen fordert, so ist auch der schöpferische Mensch gehalten, sich in verschiedener Weise auszudrücken.

Durch Ihre journalistische Arbeit konnten Sie ja auch ein gutes Stück am Versöhnungswerk zwischen Deutschland und Israel mitwirken.

Zunächst war es wesentlich, dem jüdischen Leser klarzumachen, daß es so etwas wie ein neues Deutschland gibt. Ich habe mich davon durch meine Besuche in der Bundesrepublik und durch meine Kontakte mit deutschen Menschen überzeugen können. So ließ sich durch Fakten belegen, daß mit dem Zusammenbruch des Dritten Reiches in Deutschland demokratische, humane und geistige Kräfte frei wurden, die vorher verschüttet waren. Dabei bemühte ich mich, meinen Lesern klarzumachen, daß der Kontakt mit diesem neuen

Deutschland eine Aufgabe für uns ist: Wir sind gerufen und wir müssen antworten.

Die zweite Etappe bestand darin, auf ein Zusammenarbeiten aufmerksam zu machen. Und da ergaben sich viele Möglichkeiten des praktischen Miteinander. So konnte ich zum Beispiel publizistisch der „Aktion Sühnezeichen“ helfen, in Israel den Einsatz junger Deutscher zu organisieren. Ich arbeitete von Anfang an mit dieser Gruppe zusammen und konnte durch viele Artikel die Vorurteile, die ja eigentlich Nachurteile gegen diese jungen Deutschen waren, die zur Versöhnungsarbeit antraten, ausräumen.

Schließlich ergaben sich aber auch viele Einzelfälle, die zu neuen Kontakten führten. Zum Beispiel weilte anläßlich der 80-Jahr-Feier der Erlöserkirche im Oktober 1978 Prinz Louis Ferdinand von Preußen, der Enkel von Kaiser Wilhelm II., des Stifters dieser Kirche, in Jerusalem. Es bot sich die Gelegenheit, den Prinzen persönlich kennenzulernen; und nun kam es zu dem folgenden Ereignis: bei einem Gedenktag für die Opfer der NS-Verfolgungen hielt Ministerpräsident Menachem Begin eine Rede, in der er darauf hinwies, daß Hitler nicht von ungefähr in Deutschland zur Macht gekommen sei; denn er habe das Erbe eines alten deutschen Antisemitismus angetreten. Als Beispiel dafür wählte Begin Martin Luther und Kaiser Wilhelm II. Was nun Martin Luther anlangt, hatte Begin sicher recht; denn der alte Luther legte in seiner Schrift „Von den Jüden und ihren Lügen“ und in zwei weiteren Altersschriften Grundlagen für den deutschen Judenhaß.

Aber Kaiser Wilhelm II., der sicher viele schwerwiegende politische Fehler begangen hat, war kein prononcierter Antisemit. Er empfing Theodor Herzl und die zionistische Delegation in den kaiserlichen Zelten vor Jerusalem im Jahre 1898 und sprach sich dabei in einer sehr wohlwollenden Weise aus. Er hatte einen jüdischen Bankier, Bleichröder, und einen jüdischen Reeder in Hamburg, Albert Ballin.

So habe ich in einem historischen Artikel nachzuweisen versucht, daß gar nicht die Rede davon sein kann, Wilhelm II. zu den Vätern des deutschen Antisemitismus zu zählen.

Ich erhielt daraufhin ein überaus herzliches Handschreiben des Prinzen. Darin dankte er mir für diese Richtigstellung. Unsere weiteren Kontakte führten schließlich zu einer Einladung auf die Burg Hohenzollern im Herbst 1981, die meine Frau und ich gerne annahmen. Bei unserem Abschiedstrunk sagte der Prinz: „Ich werde es nie vergessen, was Sie für das Andenken meines Großvaters getan haben ..."

Solche Fakten sind sicher ein Beweis dafür, wie das journalistische Wort eine hohe moralische Bedeutung erlangen kann.

Allerdings leidet man manchmal als Journalist an der großen Versuchung, subjektive Ansichten als Fakten zu verbreiten. Deshalb muß man sich der großen Verantwortung bewußt sein, nichts ungeprüft, nichts unüberlegt in die Druckerpresse gehen zu lassen. Das ist oft sehr schwierig, weil der Journalist immer unter Zeitdruck steht. Das Wort Zeitung kommt von Zeit, und die beste Nachricht ist nichts mehr wert, wenn sie den Leser zu spät erreicht. Mit diesem Problem habe ich viele Jahre zu kämpfen gehabt. Jetzt, wo ich mich journalistisch nur noch im Sinne der Publizistik betätige und keine Nachrichten mehr zu übermitteln habe, ist dieses Problem Gott sei Dank nicht mehr gegeben.

Sie erhielten im Jahre 1959 den Leo-Baeck-Preis des Zentralrates der Juden in Deutschland.

Dieser Preis wird jeweils an Persönlichkeiten verliehen, die im Sinne Leo Baecks für Humanität, Aufklärung und Gerechtigkeit wirken. Seit seiner Stiftung durch den Zentralrat der Juden in Deutschland im Jahre 1956 erhielten ihn 28 Frauen und Männer. Leo Baeck war der letzte große deutsche Rabbiner. Als Vorsitzender der „Reichsvertretung der deutschen Juden" ging er sozusagen freiwillig nach Theresienstadt, obwohl man ihm einen Lehrstuhl in Jerusalem, in Amerika und in England angeboten hatte. Seine Antwort war: „Solange noch *ein* Jude in Berlin lebt, will ich als sein Seelsorger an seiner Seite aushalten." So übte er seine Lehrtätigkeit an der dortigen „Hochschule für die Wissenschaft des Judentums" aus, bis diese Anstalt geschlossen wurde. Er wurde nach Theresienstadt deportiert und überlebte durch ein Wunder die KZ-Hölle.

Im Jahre 1969 wurde Ihnen das Bundesverdienstkreuz für Ihr Bemühen um die deutsch-israelischen Beziehungen und die christlich-jüdische Zusammenarbeit verliehen. Immer wieder hat dieses Brückenschlagen Ihr Leben geprägt.

Es wurde mir sehr bald klar, daß ich die deutsch-israelischen und die christlich-jüdischen Belange nicht voneinander scheiden kann. Natürlich bezieht sich der christlich-jüdische Dialog nicht nur auf einen Meinungsaustausch mit Christen in Deutschland, andererseits war ich durch meine Herkunft dafür prädestiniert, das Glaubensgespräch nicht mit den Christen – sagen wir in den USA – zu führen. Wir haben ja nicht nur eine gemeinsame Muttersprache, sondern auch gemeinsame Denkformen.

Manche Übersetzer meiner Bücher klagten darüber, daß sie so überaus „deutsch" seien. Was also schicksalsmäßig vorgegeben war, nahm ich als eine Herausforderung an und stellte mich dieser Aufgabe. Daraus ergab sich eine Doppelbeziehung: deutsch-israelisch und christlich-jüdisch.

Ich freute mich natürlich, als ich durch diese Auszeichnung die Anerkennung von der deutschen Seite in einer sehr schönen Weise erleben durfte. Manche feierlichen Stunden im Leben haben auch ihre komische Seite. Ich erinnere mich noch sehr gut: Der deutsche Botschafter Knocke übergab mir während einer kleinen Feierstunde in der Botschaft in Tel Aviv – meine Frau war anwesend, mein Sohn und meine

Schwiegertochter – die vom Bundespräsidenten unterschriebene Urkunde. Nach einer kurzen Ansprache wartete ich ein wenig ungeduldig auf das Bundesverdienstkreuz. Herr Knocke konnte mir allerdings nur die kleine Ausgabe, die man im Knopfloch trägt, überreichen; denn der Orden selbst war in der diplomatischen Post zu Bruch gegangen. Er wurde mir jedoch nachgeliefert, und ich habe die Zeit bis zum Eintreffen dieses wertvollen Objektes doch gut überstanden ...

So war diese Verleihung gleichsam wie ein sichtbares Zeichen des deutsch-israelischen Versöhnungswerkes?

Ja, sicher! Und ich muß hier dankend anmerken, daß man von deutscher Seite mit großem Takt vorging: Eines Tages lud mich der Attaché der Botschaft, ein Herr von Utmann, der übrigens ein sehr gutes Buch über Juden und Deutsche mit dem Heineschen Titel „Doppelgänger, du bleicher Gesell" veröffentlicht hat, zu einem Mittagessen in Jerusalem ein. Wir unterhielten uns über seine literarischen Pläne, und zum Schluß rückte er mit der Frage heraus: „Würden Sie einen deutschen Orden annehmen?" – „Wofür denn?", war meine erstaunte Antwort. „Für Ihre Bemühungen um den deutsch-israelischen und christlich-jüdischen Kontakt." Da stimmte ich zu. Ich fand es sehr schön, daß man vorher anfragte. Gerade darin sah ich einen Ausdruck guten Willens für einen Neubeginn zwischen Deutschen und Juden.

Noch lange vor den offiziellen diplomatischen Kontakten beider Staaten haben Sie ja schon die deutsch-israelischen Beziehungen in Form des Jugendaustausches betrieben.

Auf Einladung der Regierung von Niedersachsen reiste ich damals mit israelischen Jugendgruppen nach Deutschland. Diese freundschaftlichen Bande kamen vor allem durch die Mitarbeit meiner Frau Avital zustande, der es gelang, eine gute Atmosphäre zwischen deutschen und israelischen Jugendgruppen herzustellen.

Es mußten ja zunächst viele Mißverständnisse abgebaut werden. Einmal sagte ein junges Mädchen zu mir: „Ich habe mir die Deutschen ganz anders vorgestellt." – „Ja, wie denn?" fragte ich sie. „In so hohen Stiefeln." Hinter dieser Antwort stand das Bild des SS-Mannes, der mit seinen Schaftstiefeln alles niedertrampelte, was sich ihm in den Weg stellte.

Unsere Beziehungen wurden so gut, daß zum Beispiel ein Mädchen in Deutschland hängenblieb und dort heiratete. Heute wird dieser Jugendaustausch durch amtliche Stellen in Israel und in Deutschland weitergeführt.

Im Jahre 1980 wurde Ihnen der Rudolf-Küstermeier-Preis in Tel Aviv von der israelisch-deutschen und der deutsch-israelischen Gesellschaft zugesprochen.

Rudolf Küstermeier war ein deutscher Journalist, der elf Jahre lang von den Nazis in Gefängnissen und Konzentrationslagern festgehalten wurde. Nach dem Zweiten Weltkrieg startete er zusammen mit dem Pressebeauftragten der Freien Hansestadt Hamburg, Erich Lüth, die Aktion „Friede mit Israel", die schließlich zur Anbahnung der diplomatischen Beziehungen führte.

Küstermeier war in Jerusalem und Tel Aviv als Korrespondent der Zeitung „Die Welt" und später als Repräsentant der dpa und deutscher Rundfunkgesellschaften tätig. Nach seinem Tod stifteten die beiden Gesellschaften – die deutsch-israelische in Bonn und die israelisch-deutsche in Tel Aviv – diesen Preis, wobei Axel Springer die nötigen finanziellen Mittel bereitstellte. Ich erhielt diese Auszeichnung für meine publizistische Tätigkeit im Sinne der Versöhnung zwischen Israel und Deutschland.

Im Februar des Jahres 1980 überreichte man Ihnen anläßlich einer Weltkonferenz des Progressiven Judentums in Jerusalem von seiten des ältesten liberalen Rabbiner-Seminars, des Hebrew-Union-College, eine Ehrenurkunde, in der Sie zum Mit-

(Foto: Zeev Herman, Israel)

Jerusalem 1958.
Schalom Ben-Chorin, der Schriftsteller.

glied des College ernannt wurden, und zwar für Ihre Verdienste um die christlich-jüdische Verständigung in deutschsprechenden Ländern, aber auch für Ihre Bemühungen um die Errichtung der ersten jüdischen Reformgemeinde in Israel.

Auch darin sehe ich eine für mein Leben sehr wichtige Anerkennung dessen, was ich sicher mit unzureichenden Kräften versucht habe. Nichts von alledem ist vollendet. Alles bleibt nur Anfang und Stückwerk. Aber immer stand mir ein Wort des Rabbi Tarphon aus den Sprüchen der Väter vor Augen: „Es ist dir nicht gegeben, das Werk zu vollenden; aber du bist nicht frei davon, es zu beginnen." Ich habe mich immer bemüht, es zu beginnen, und ich bin mir wohl bewußt, daß die Vollendung nicht in meiner Hand liegen kann.

Im gleichen Jahre, 1980, erhielten Sie den 1. Preis von der „Internationalen Association deutsch-sprachiger Medien". Sie stellten dabei Ihren Beitrag unter das Stichwort: „Sprache als Heimat". Was bewog Sie dazu, über dieses Thema zu schreiben?

Der Anlaß war ein äußerlicher. Ich las zufällig in der Presse, daß die mir bis dahin unbekannte Organisation einen solchen Wettbewerb ausgeschrieben hatte. Da kam mir der Gedanke: Warum stellst du nicht einmal das Problem der deutschen Sprache im früheren Mandatspalästina und im heutigen Israel dar? Ich begann meine Betrachtung mit einem Satz, den die Organisation für ihre Tagungen in den Jahren 1980/82 als Motto übernahm: „Aus einem Land kann man auswandern, aus der Muttersprache nicht."

So ist die Sprache mir zur Heimat geworden. Wo immer ich lebte, war die deutsche Zunge das Mittel, mit dem ich mich voll auszudrücken vermochte. Eine erlernte Sprache wie die hebräische oder englische kann natürlich ein Kommunikationsmittel sein, ja muß es sein, aber die letzten Regungen des Herzens und das, was unterschwellig in uns nistet, kann man nur in der angeborenen Sprache voll ausdrücken. Gerade für den Schriftsteller und Dichter ist die Sprache mehr als ein Verständigungsmittel. Sie bedeutet den Ausdruck seines ganzen Wesens. Er beherrscht sie, und sie beherrscht ihn. Es ist eine unlösbare Wechselwirkung.

Und nun war das Problem der deutschen Sprache in Israel ein Sonderproblem. Wir fühlten uns tief innerlich mit der wiederbelebten hebräischen Sprache verbunden, und doch stand hier Existenz gegen Entscheidung. Die Entscheidung fiel ohne Frage zugunsten des Hebräischen aus, aber die Existenz blieb an die Muttersprache gebunden. Und das führte zu einer Dialektik der Situation, die es in anderen Ländern nicht gab.

Auf diese Probleme versuchte ich in meinem Essay hinzuweisen; außerdem beleuchtete ich die deutschsprachige Literatur in Israel. Ich sage deutschsprachige, nicht deutsche

(Foto: Ernst Vogt, Bremen)

Aachen, März 1982. Während der Verleihung der Buber-Rosenzweig-Medaille an Schalom Ben-Chorin. Von links: Pater W. Eckert, kath. Vorsitzender, Schalom Ben-Chorin, Pastor Martin Stöhr, ev. Vorsitzender des Koordinierungsrates der Gesellschaften für christlich-jüdische Zusammenarbeit.

Literatur. Es ging um die Frage der Weitergabe der Muttersprache an die heranwachsende junge Generation im „Hebräerland". Ich faßte meine Erkenntnis mit einem Worte Camus' zusammen: „Das Französische, nicht Frankreich ist meine Heimat." Das Gleiche gilt für mich: das Deutsche – nicht Deutschland blieb die Heimat meiner Seele.

Damit ist eine Position umrissen, die weit über das Individuelle hinausgeht. Und das ist nicht nur mein Schicksal, sondern das Schicksal einer ganzen Generation.

Am 7. März 1982 erhielten Sie während der „Woche der Brüderlichkeit" im Krönungssaal zu Aachen die Buber-Rosenzweig-Medaille des Deutschen Koordinierungsrates der Gesellschaften für christlich-jüdische Zusammenarbeit.

Ich freue mich sehr, daß ich mit der Verleihung dieser Medaille in die oben genannte Gesellschaft eintreten durfte.

In meiner Kindheit und Jugend war es eine Ballade von Friedrich Schiller, die mich immer wieder zu großer Begeisterung hinriß: „Der Graf von Habsburg". Das Gedicht beginnt mit den Worten: „Zu Aachen in seiner Kaiserpracht im altertümlichen Saale."

Ich hätte nie gedacht, daß dieser Gedichtanfang für mich einmal eine autobiographische Bedeutung erlangen würde. Aber nun hat es sich so gefügt: Aachen sollte ein Meilenstein in meinem Leben sein. Auch dafür bin ich von Herzen dankbar.

Im vertrauten Kreis Else Lasker-Schülers

Herr Ben-Chorin, zu Ihrem Freundeskreis zählte Else Lasker-Schüler, die Gottfried Benn einmal als die größte deutsche Lyrikerin seit Annette von Droste-Hülshoff bezeichnet hat.

In der Seele dieser deutschen Dichterin war gleichzeitig das hebräische Erbe lebendig, obwohl sie kein Wort Hebräisch konnte. Sie sprach abwechselnd ihr Wuppertaler Platt oder ein sehr lässiges Berlinerisch; jedoch ihre Dichtung erklingt in expressionistischen Dithyramben. Der hebräische Dichter Uri Zvi Greenberg charakterisierte sie so: „Sie dichtet hebräisch mit deutschen Wörtern." Daran ist sicher etwas Richtiges. Sie las sehr wenig, aber sie wußte viel aus der Tiefe ihrer Seele.

Die Gestalten der Bibel waren in ihr lebendig und sie konnte sagen: „Der König David hat mir das und jenes gesagt." Wenn man dann etwas erstaunt fragte, wo sie ihm denn begegnet sei, so war sie in der Lage, ein Hotel in Berlin zu nennen. Sie lebte mit Josef von Ägypten und identifizierte sich mit ihm. Sie widmete Sulamit ein herrliches Gedicht, das mit den prophetischen Worten endet: „Und meine Seele verglüht in den Abendfarben Jerusalems." Ein Gedicht, das schon 1913 in Berlin entstand, lange bevor sie nach Israel emigrierte. In Jerusalem verglühte ihre Seele wirklich in den Abendfarben, aber sie fühlte sich nicht glücklich dort. Der Zusammenstoß von Ideal und Realität in dieser Stadt war zu schmerzlich für sie.

(Foto: Schafgans, Bonn)

Schalom Ben-Chorin, der Brückenbauer

So lebte wohl die große Dichterin mit ihren „verwunderten Märchenaugen" in einer Welt der Tränen und Träume?

Sie lebte zunächst in einer sehr großen Armut. Sie können sich ja vorstellen, daß eine deutsche Lyrikerin in Palästina kaum mit dem Ertrag ihrer Dichtung auskommen konnte. Das war ganz ausgeschlossen. Sie fand in dem Verleger Salman Schocken, dem Begründer des Schocken-Verlages, einen Mäzen, der ihr eine sehr bescheidene Monatsrente aussetzte. Sie besaß nie eine eigene Wohnung, sondern lebte in unmöblierten Zimmern. Sie hatte nicht einmal ein Bett, sie schlief auf einem Liegestuhl. Es war eine Welt, in der sie nicht verstanden werden konnte, da sie sich nur in der deutschen Sprache voll zu artikulieren vermochte. Sie hat das in einem in Jerusalem entstandenen Gedicht so ausgedrückt:

„Ich habe zu Hause ein blaues Klavier
und kenne doch keine Note.
Es steht im Schatten der Kellertür,
seitdem die Welt verrohte."

Dieses blaue Klavier ist die deutsche Sprache. Niemand beachtete es mehr, seitdem der braune Schatten des Dritten Reiches über Deutschland gefallen war.

Obwohl diese Frau gleichsam besitzlos auf dieser Erde lebte, besaß sie doch einen Reichtum des Herzens, desgleichen man nicht so schnell mehr findet. Dieser innere Reichtum bestand vor allem in ihrer Spontaneität. Wo sie ein Unrecht sah, konnte sie unmöglich schweigen. Sie wurde einmal beobachtet, wie sie einen Eselstreiber, der unbarmherzig auf sein Tier einschlug, einfach mit dem Regenschirm traktierte. Der Mann war derartig verblüfft, daß er sich nicht dagegen wehrte, sondern aufhörte, die unschuldige Kreatur zu quälen.

Wie oft verteilte sie Süßigkeiten an Kinder. Sie war eine hingebungsvolle Freundin, wenn sie einen Menschen ins Herz geschlossen hatte. So unmittelbar, so spontan zu reagieren, ist nur einem Menschen eigen, der ein waches, liebendes Herz hat.

War das der Grund, warum Sie selbst einmal das Portrait der Dichterin nach einer Begegnung mit ihr in einer Zeichnung festzuhalten versuchten?

Es war im Jahre 1938. Zum ersten Male nach meiner Übersiedlung nach Jerusalem hatte ich mit der Dichterin eine Aussprache vereinbart. Dabei machte die etwas verstört und verängstigt wirkende alternde Frau einen tiefen Eindruck auf mich. Ich wußte, daß Else Lasker-Schüler sich nicht mehr fotografieren ließ; denn sie wollte nur als die junge, schöne Frau, die sie einmal war, in Erinnerung bewahrt bleiben. Manchmal scherzte sie: „Ich bin 17 oder 1000 Jahre alt."

So setzte ich mich sofort nach unserer Begegnung zu Hause hin und zeichnete aus der Erinnerung ihr Antlitz. Das Aquarell ist somit eines der wenigen authentischen Bilder der alten Else Lasker-Schüler geworden. Einmal wurde es sogar in einer Ausstellung zum Andenken an die Dichterin im Israel-Museum gezeigt. Daraufhin erhielt ich meine Aquarellskizze wunderschön gerahmt zurück. So hängt sie bis zum heutigen Tag zu Ehren von Else Lasker-Schüler in unserem Wohnzimmer.

Umgab die Dichterin in ihren letzten Jahren nicht eine tiefe Einsamkeit?

Es konnte nicht anders sein. Dennoch hatte Else Lasker-Schüler einen Kreis von Freunden, und ich durfte mich zu denselben zählen. Sie gründete die literarische Gesellschaft Kral. Dort las sie selbst aus ihren Dichtungen.

Es war derselbe kleine Kreis treuer Freunde, der sie 1945 auf dem Ölberg über Jerusalem zur ewigen Ruhe begleitete. Zur ewigen Ruhe? Sie war nicht ewig; denn in der Zeit des Befreiungskrieges 1948 wurde der jüdische Friedhof auf dem Ölberg von den Jordaniern zerstört und damit auch das Grab von Else Lasker-Schüler. Sie wurde nach 1967 ein zweites Mal in einem Massengrab beigesetzt, wo man die Gebeine aus den geschändeten Gräbern gesammelt hatte. Auch dieses Schicksal schien sie in einem Gedicht vorauszuahnen: „Ich liege irgendwo am Straßenrand." So vieles fühlte und spürte sie voraus. In diesem Sinne war sie nicht nur eine Dichterin, sondern es lebte etwas in ihr von dem prophetischen Erbe Israels fort. Diese Realität erkannte ein anderer großer jüdischer Dichter, Franz Werfel, der in seinem Jeremia-Roman „Höret die Stimme" die biblische Prophetin Hulda so darstellte, daß jeder, der Else Lasker-Schüler erlebt hatte, sie aus dieser Schilderung sofort wiedererkannte.

In der Tat empfand Else Lasker-Schüler ihre Dichtung als prophetische Inspiration und konnte deshalb keinen Unterschied zwischen ihren Werken machen. Man durfte nie mit ihrem Einverständnis rechnen, wenn man sagte, dieses oder jenes Gedicht, die eine oder andere Erzählung sei wohl besser gelungen; denn sie empfand sich als ein Schreibgerät der höheren Eingebung. Tatsächlich appelliert das Wort der Dichterin an unsere tiefen menschlichen Möglichkeiten, wenn sie etwa sagt: „Komm, bete mir mir, denn Gott tröstet mich", oder wenn sie in ihrer Novelle „Arthur Aronymus und seine Väter" die Versöhnung von Juden und Christen darstellt. Es sind dies Impulse der Liebe und der Verständigung, die als ein Schwanengesang der großen Dichterin in der Welt weiterwirken.

In der Tat ist sie heute wohl in Deutschland bekannter, als sie es jemals war. Ihre Bücher haben beachtliche Auflagen erlebt, und ihr letztes Stück „Ich und ich", in dem sie die Höllenfahrt Hitlers, Goebbels', Görings darstellt, wurde sowohl in ihrer Heimatstadt Wuppertal, aber auch in Düsseldorf und an anderen deutschen Bühnen aufgeführt. Ihre älteren Stücke, wie „Die Wupper" stehen wieder auf dem Spielplan. So kann man ohne Übertreibung sagen, daß Else Lasker-Schüler 37 Jahre nach ihrem Tode in ihrem Werke weiterlebt.

In der Schule Martin Bubers

Herr Ben-Chorin, einer der großen Leitsterne Ihrer Jugend war Martin Buber. Leitsterne sind immer Wegweiser für das ganze Leben ...

Martin Buber bedeutete für mich den Lehrer meiner Werdejahre. Es ist sehr schwer, über Buber in wenigen Sätzen etwas zu sagen; denn er war eine so vielseitige Persönlichkeit. Sein Wirken erstreckte sich nicht nur auf das theologische Gebiet, es ist auch das dichterische und vor allem das pädagogische Element in seinem Werke unverkennbar, zum Beispiel in seinen politischen Bemühungen um den Ausgleich zwischen Juden und Arabern. All das hat ihm als eine so einmalige Persönlichkeit geprägt, wie sie mir sonst in meinem Leben nicht mehr begegnet ist.

Wenn ich Bubers Studierzimmer in Jerusalem betrat, dann war jedes Mal eine solche Klarheit, eine Ruhe, eine Zone der Entscheidung um diesen Mann zu spüren, die mir etwas Einmaliges bedeutete. Ich will nicht zu hoch greifen, und doch möchte ich sagen: in Buber begegnete mir eine charismatische Persönlichkeit.

Von seiner vielseitigen Tätigkeit war für mich vor allem seine Deutung des Chassidismus und seine Verdeutschung der Schrift wesentlich, die er gemeinsam mit seinem Freunde Franz Rosenzweig zu Beginn der zwanziger Jahre in Angriff nahm und als alter Mann in Jerusalem nach dem Zweiten Weltkrieg beendete. Diese Arbeit hat mir selbst einen tiefen und neuen Zugang zur Heiligen Schrift Israels, die ja auch die Heilige Schrift der Kirche ist, erschlossen. Im Schaffen Bubers am Chassidismus wurde mir eine weltverbundene Frömmigkeit sichtbar, die er sowohl in theoretischen Schriften wie auch in seinen klassischen Erzählungen darstellte.

Ich habe in meinem Buch „Zwiesprache mit Martin Buber" die Begegnungen mit dieser Persönlichkeit vom Jahre 1931 an bis zu seinem Tode 1965 in skizzenhafter, episodärer Weise niedergeschrieben. Ich durfte dabei die Freude erleben, daß mir viele Leser gestanden, sie seien erst durch dieses Buch tiefer zum Werk Martin Bubers hingeführt worden. Sie hätten darin seine Stimme gehört, die sie persönlich angesprochen habe.

Genau das ist das Wesentliche an der Philosophie Bubers. Er sieht die Welt in zwei Grundverhältnissen: Ich und Du, Ich und Es. Die Ich-Du-Beziehung ist die echte, die Ich-Es-Beziehung gewissermaßen die unzulängliche; denn der Mitmensch wird in dieser Ich-Es-Beziehung nur zu einem Objekt, das ich in irgendeiner Weise gebrauche, aber nicht zu einem Gegenüber, das zu einer Begegnung führt.

Buber sagte einmal, daß Gemeinschaft nicht geschaffen werden kann, sondern ein Nebenprodukt ist, das sich aus anderen Zielsetzungen ergibt. Wie haben Sie Gemeinschaft bei Martin Buber erlebt?

Genauso wie er es meinte. Wenn Menschen zusammenkommen und sagen: „Wir wollen Gemeinschaft werden", dann können sie alles werden, nur keine Gemeinschaft. Genauso ist es, wenn jemand sich vornimmt: „Jetzt will ich aus mir eine Persönlichkeit machen." Persönlichkeit und Gemeinschaft entstehen durch das Bemühen um ein vorgegebenes, aufgegebenes Ziel. Wenn also Menschen sich zu einem Werk zusammenschließen, dann können sie eine Werkgemeinschaft bilden, sobald sie sich ganz diesem Werk hingeben. Oder wenn zwei Partner beschließen, ein Leben in der Ehe miteinander zu führen, dann können sie zu einer Lebensgemeinschaft gelangen. Aber nicht, wenn sie programmieren: „Jetzt machen wir eine Lebensgemeinschaft." Diese muß aus den Tiefen der Liebe zum Du, aus der Liebe zu einer Aufgabe heraus erwachsen.

Nun ist für mich Gemeinschaft gerade in der Beziehung zu Buber faßbar geworden. Hier war es sicher auch ein Lehrer-Schüler-Verhältnis, und ich als der Fragende konnte, indem ich Antwort auf viele Wirrungen meines Denkens und Lebens von Buber empfing, diese tiefe Gemeinschaft mit ihm spüren.

Buber war ja ein Mann, der immer die wesentlichsten Dinge im Leben zu ergründen versuchte. Gab es auch für ihn ungelöste Fragen der menschlichen Existenz?

Es war vor allem die Frage nach dem Phänomen des Todes. Ich erinnere mich an ein Gespräch mit Buber nach dem Begräbnis eines jungen Buchhändlers namens Edinger, mit dem ich in einer Werkgemeinschaft eng verbunden war; denn wir hatten in Jerusalem eine Buchhandlung eine Zeitlang gemeinsam geleitet. Auch Buber kannte diesen viel zu früh heimgegangenen Freund. Seine Mutter war bereits eine alte Bekannte aus seiner Heppenheim-Frankfurter Zeit. Buber meinte damals: „Ich habe mich mit dem Phänomen des Todes noch nicht abgefunden." Und ich muß ein Gleiches sagen: Wenn wir immer wieder einem uns sinnlos erscheinenden Tod begegnen, stehe ich jedesmal fassungslos davor. Ich denke an die vielen Opfer in einem Krieg oder bei Verkehrsunfällen, wo wir keinerlei Sinn erkennen. Es ist immer etwas Schmerzliches, wenn ein Mensch von dieser Welt geht, aber wir können doch, wenn er sein Leben gelebt hat, mit der Bibel sprechen: „Er geht satt an Tagen zu seinen Vätern."

Martin Buber verlor auf einer Reise nach Europa in Venedig seine Frau. Obwohl sie schon 81 Jahre alt war, ging sie eigentlich plötzlich dahin. Als ich meinen verehrten Lehrer nach diesem schmerzlichen Ereignis besuchte, sagte er, sein

Lebensrhythmus sei nun unheilbar gestört. Da gäbe es keine Besserung mehr. Wir sprachen damals über die Frage des Fortlebens nach dem Tode. Buber war hier sehr zurückhaltend und meinte: „Die Toten leben in uns weiter." Da ging es nicht um irgendwelche dogmatischen Aussagen über die Auferstehung und das ewige Leben. Solche Worte lagen Buber fern. Fast mit einer gewissen Keuschheit wollte er nicht mehr aussprechen, als er im Augenblick empfinden konnte.

Davon war übrigens seine ganze Grundhaltung geprägt. Als das Wesentlichere erschien ihm immer die Stunde und ihre Aufgabe, der er sich mit vollem Ernst stellen wollte. Er hatte sich die Verse 23–24 aus dem Psalm 73 als Lebensmotto gewählt, die heute auf seinem Grabstein auf dem „Berg der Ruhe" über Jerusalem stehen: „Und doch bleibe ich stets bei dir. Meine rechte Hand hast du erfaßt, mit deinem Rate leitest du mich, und danach nimmst du mich in Ehren."

Herr Ben-Chorin, wenn Sie einen Charakterzug mit Buber gemeinsam haben, dann ist es sicher der Humor, den Ihr großer Lehrer gerne als den „Milchbruder des Glaubens" bezeichnete.

Ich will Ihnen nicht widersprechen; denn Humor bedeutet für mich eine Lebenskraft, ohne die ich manches gar nicht durchzuhalten vermöchte. Würde ich alles und mich selbst immer ernst nehmen, dann müßte ich an der Welt und an mir verzweifeln. Es gibt so vieles, das näher betrachter, eine komische Seite hat, und auch die soll man sehen. Buber sagte mir einmal: „Wenn ein Mensch nur Glauben hat, steht er in Gefahr, bigott zu werden. Hat er nur Humor, läuft er Gefahr, zynisch zu werden. Besitzt er aber Glaube und Humor, dann findet er das richtige Gleichgewicht, mit dem er das Leben bestehen kann."

Das meine ich auch. Man trifft so selten in der Literatur etwa den *religiösen Humor* an. Die meisten religiösen Bücher sind von einem tiefen und manchmal geradezu sturen Ernst getragen. Martin Buber hat in seinen chassidischen Erzählungen viele Beispiele religiösen Humors gegeben. Damit schließt er an eine urjüdische Tradition an. Wenn man die Aggada, den erzählenden Teil des Talmud näher kennt, dann weiß man, wieviel Humor unsere Väter in ihrem religiösen Leben und Denken bewiesen haben. Sie nahmen sich die Freiheit, humoristisch auf viele Fragen zu reagieren. Zum Beispiel sagt der Gründer des Chassidismus, Rabbi Israel Baal-Schem-Tov: „Gott will frohe Menschen, der Satan will traurige." Die Traurigkeit zieht tatsächlich herunter, während die Freude erhebt. So ruft auch der Psalmist: „Dienet dem Herrn in Freuden!" Das ist nicht immer ganz so leicht, aber wir sollten uns wenigstens bemühen, auch die heiteren und komischen Seiten in unserem Leben und in dem unserer Umwelt zu sehen und uns daran erfreuen.

Sie sagten einmal, daß Martin Buber für Sie gleichsam der Lehrmeister auf dem Weg nach Zion war.

Mein Weg nach Zion war ein Weg der Verwirklichung; denn in der Zionistischen Jugendbewegung wurde diese Richtung bereits propagiert und gelehrt. Nun kam es darauf an, daß man nicht im Augenblick der Entscheidung das nächste Schiff nach Amerika bestieg, sondern tatsächlich im Land der Bewährung die Verwirklichung vollzog. Buber hat mir vor allem gezeigt, wie Zion als Weg und Aufgabe zu verstehen ist. Es ging nicht nur darum, den Wohnsitz mehr oder minder freiwillig von München nach Jerusalem zu verlegen, sondern damit auch etwas Neues im eigenen Leben zu beginnen, nämlich die klare Rückverbindung zur Herkunft als Aufforderung an die Zukunft zu erkennen und dann ins Leben umzusetzen.

Ein wichtiger Begriff im Denken Bubers ist das Wort Ichud, Einheit. Es ging ihm dabei um die Einheit zwischen dem jüdischen und arabischen Element im Land Israel, um eine Einheit, die wohl erst dann möglich ist, wenn beide Parteien versuchen, das Positive des anderen zu entdecken und sich davon bereichern zu lassen?

Genau darin bestanden Bubers Intentionen. Man ist jetzt dabei, seine Aufsätze auf diesem Gebiet zu sammeln und unter dem Titel „Ein Land, zwei Völker" zu veröffentlichen. Es geht tatsächlich darum, daß die zwei Völker nicht gegeneinander, sondern miteinander an diesem Lande bauen. Sicher können wir dabei viel voneinander lernen: Wir Juden aus der westlichen Diaspora, aus Europa und Amerika begegnen hier einer orientalischen Kultur. All die Menschen, die hier jahrhundertelang ansässig waren, unsere arabischen Mitbürger, haben uns sicher manches zu geben. Andererseits kann das arabische Dorf und zum großen Teil die arabische Stadt zivilisatorisch wieder von uns westlichen Menschen etwas lernen. Und so sollten wir einander ergänzen. Um diesem Ideal näherzukommen, hat Buber auch praktische Versuche unternommen. Er setzte sich sehr für Volkshochschulbildung ein, veranstaltete hebräische Kurse für Araber und arabische Kurse für Juden, die heute im Martin-Buber-Institut auf dem Skopusberg über Jerusalem fortgesetzt werden. Damit begann er ein Werk der Verständigung im ursprünglichen Sinne; denn man versteht sich am besten, wenn man die Sprache des anderen kennt.

Leider war es Buber nicht beschieden, auf diesem Gebiete greifbare Erfolge zu erzielen. Das lag vor allem daran, daß es auf der arabischen Seite zu wenig Entsprechung gab. Es fehlte der „arabische Buber". Aber es konnte auch keinen geben; denn in dem Augenblick, in dem sich ein arabischer Intellektueller zu weit vorwagte, war er durch die eigenen Extremisten vom Tod bedroht.

Buber wurde zwar von weiten Kreisen der israelischen Juden abgelehnt, aber niemand versuchte, seinem Leben nachzustellen. Er konnte seiner Meinung freien Ausdruck geben, und er publizierte sehr viel. Kurz vor seinem Tod wurde er Ehrenbürger Jerusalems; er war Empfänger des israelischen Staatspreises, und die Studenten der Hebräischen Universität veranstalteten zu seinem 80. Geburtstag einen Fackelzug vor seinem Haus. All das war möglich, obwohl er sich mit seinen politischen Ansichten nicht durchsetzen konnte. Das soll aber nicht heißen, daß wir nicht innerhalb des Rahmens des heutigen Staates Israel versuchen sollten, auf dem Buberschen Wege der Verständigung weiterzugehen.

Manche bezeichneten Buber als das Gewissen Israels.

Und das war er in der Tat. Er hatte den Mut, immer dann, wenn in der Öffentlichkeit etwas seinen ethischen Erkenntnissen und Maßstäben nicht entsprach, dies auch offen auszusprechen. Als beispielsweise arabische Bürger von der Konfiskation ihres Grund und Bodens bedroht waren und auch solche Enteignungen aus Gründen der Staatsraison – natürlich mit einer gewissen Entschädigung – vorgenommen wurden, protestierte Buber laut und deutlich dagegen.

In Ihrer letzten Begegnung mit Buber am 19. Juli 1964 sprach der große Geisteswissenschaftler von der Notwendigkeit, daß die menschliche Existenz immer vor alle Logik zu stellen sei. Bedeutete diese so wesentliche Aussage so etwas wie ein Vermächtnis Bubers an Sie?

Man kann es rückblickend vielleicht so verstehen. Für Buber stand die Existenz über der Logik. Das ist vor allem für sein Glaubensdenken wesentlich; und damit stimme ich mit ihm ganz überein, daß man Gott nicht beweisen, sondern nur durch die eigene Existenz bezeugen kann, indem ich als der von Gott her Angeredete glaubwürdig rede und handle.

Der Tod eines geliebten Menschen schafft eine gewisse Distanz zu ihm, wodurch man vielleicht das Wesentliche in seinem Leben noch tiefer zu erkennen vermag. Erleben Sie so etwas auch in Ihrer Beziehung zu Martin Buber?

Was ich heute erkennen kann, ist die Tragfähigkeit des Denkens Bubers und seiner Formulierungen. Wenn man selbst älter und damit vielleicht auch etwas weiser wird, erkennt man die Reife des Denkens bei einem anderen von einer neuen Seite her. Nun, heute überrascht mich so schnell nichts mehr, aber so vieles will ich wieder hören. Vielleicht ist hier der alternde Mensch dem Kinde ähnlich. Das Kind will dasselbe Märchen, dieselbe Geschichte immer wieder erzählt bekommen. Und wir suchen in reiferen Jahren noch einmal das zu hören, was uns einmal begeistert hat. Dabei erfahren wir das Wesentliche.

Ich habe so viele Bücher, die mich einst gefesselt haben, enttäuscht nach wenigen Seiten wieder aus der Hand gelegt. Und ich fragte mich erstaunt: „Was hatte dich eigentlich daran so hingerissen?" Nun, man war jünger, die Zeiten und der Geschmack waren anders. Vieles hat sich eben nicht gehalten. Aber wenn ich heute Bubers chassidische Geschichten lese, da ergreifen sie mich nicht weniger als im Jahre 1928, als ich sie zum erstenmal aufschlug. Alles ist mir vertraut, und ich höre gleichsam die Stimme Bubers, wie er mit seinem Wiener Akzent liest.

So haben in dem Wald von Literatur, durch den ich gegangen bin, nur wenige Bäume unverwelkliches Laub bewahrt. Darin erweist sich die Dauerkraft des Geistes über die sterbliche Existenz des Menschen hinaus. Es gibt ein schönes Wort im Talmud, das sagt: „Wenn die Worte der Weisen zitiert werden, bewegen sich ihre Lippen im Grabe." In diesem Sinne müssen sich die Lippen Bubers oft im Grabe bewegen; denn seine Gedanken werden von vielen in unserer Zeit ausgesprochen.

Erwies sich Buber nicht gerade in den letzten Jahren seines Lebens als eine Art Elia-Gestalt?

Es war tatsächlich etwas Prophetisches in seinem Wesen. Mit Elia hatte Buber für mich vor allem das Hören auf die Stimme gemein. Denken sie an diese Offenbarungsszene am Berg Horeb, wo der Prophet von Gott aus der Höhle herausgerufen wird. Ein Erdbeben, Sturm, ein Gewitter, ein Feuer brausen über das Land hin. Aber Gott ist weder im Sturm noch im Feuer anwesend. Dann folgt eine tiefe Stille, und darin offenbart sich Gott. Diese Wirklichkeit habe ich bei Buber tief empfunden. Er konnte in die Stille hinein hören und aus ihr neue Erkenntnis schöpfen. Ich spreche es nur zögernd aus, aber ich hatte immer das Gefühl: Hier begegnest du einem Mann in der Gnade, der ungebrochen in der Ganzheit seines Seins nicht nur auf die Stimmen der Zeit, sondern auch auf „die Stimme feinen Schweigens" zu hören vermochte.

Freundschaft mit Max Brod

Sie schrieben einmal, daß es Max Brod war, der für Sie die Brücke zwischen der Dichtung, dem Geist des Judentums und der Botschaft des Glaubens schlug. Wie kam eigentlich dieser Brükkenschlag zustande?

Ich war bereits als ganz junger Mensch von dem Renaissance-Roman Max Brods „Reubeni, Fürst der Juden“ außerordentlich tief beeindruckt. Einige Jahre später las ich sein 1922 erschienenes philosophisch-theologisches Bekenntnisbuch „Heidentum, Christentum, Judentum“. Es machte einen unauslöschlichen Eindruck auf mich. Vor allem war es der Grundgedanke dieses Buches, den ich bis heute für einen wesentlichen Denkanstoß halte. Max Brod unterscheidet darin „edles und unedles Unglück“. Edles Unglück ist gleichsam unserer Kreatürlichkeit angeboren, es bringt die Endlichkeit des Menschen zum Ausdruck. Von unserem ersten Lebenstag an nähern wir uns unaufhaltsam dem Tod.

Unedles Unglück ist, nach Max Brod, das behebbare Unglück, das der Mensch seinem Nächsten antut: Krieg, Klassen- und Rassenhaß, Sklaverei und Diskriminierung; aber auch Krankheiten, die wir bekämpfen können, sogar Naturkatastrophen, gegen die wir etwas zu unternehmen vermögen: der Blitzableiter, um ein ganz einfaches Beispiel zu nennen.

Nun hat Brod eine systematische Unterscheidung vorgenommen, die wahrscheinlich nicht ganz richtig, aber als Denkanstoß wertvoll ist.

Das Christentum stellt er als die pantragistische Haltung dar. Dieses Leben auf der Erde ist nur ein Wallen in einem Jammertal, und das Wesentliche kommt nachher. Deshalb sind wir zu einer passiven Haltung gegenüber allem Unglück bestimmt.

Die heidnische und neuheidnische Sicht, etwa die marxistische, bezeichnet er als die panoptimistische: alles Unglück ist behebbar. Was wir heute noch nicht heilen können, vermögen wir morgen zu tun. In der klassenlosen Gesellschaft gibt es keine Probleme mehr. Der Staat oder die Partei geben dem Menschen das höchste Glück. Also genau der Antipode der pantragistischen Haltung.

Und das Judentum, so meint Brod, stellt eine Position dritter Art dar: demütig gegenüber dem edlen Unglück: der Mensch muß sich seiner Endlichkeit bewußt bleiben, bleibt er aber aktiv gegenüber allem unedlen Unglück; denn er weiß sich aufgerufen, gegen Krieg, Sklaverei, Klassen- und Rassenhaß, gegen Krankheit und Unwissenheit zu kämpfen; das heißt, dem Göttlichen gegenüber demütig, dem Menschlichen gegenüber aktiv, ja revolutionär.

Sie haben Max Brod im Dezember 1934 zum ersten Mal in Prag besucht.

Ich veröffentlichte ein halbes Jahr vorher zu seinem 50. Geburtstag einen großen Artikel, der mich Monate gekostet hatte. Ich las vorher buchstäblich alles von Brod, was ich nur erreichen konnte. Und er hatte außerordentlich viel geschrieben: Romane, Dramen, zionistische Artikel, Philosophisches und Publizistisches. Jene Begegnung in Prag war für mich außerordentlich beglückend. Dieser so liebenswürdige und gütige Mensch besaß eine umfassende Bildung. Er war nicht nur Schriftsteller, Dichter, Philosoph; er war Theater- und Musik-Kritiker, ja er komponierte selbst Orchesterwerke, die aufgeführt wurden. Er hatte im Gegensatz zu mir eine außerordentliche mathematische Begabung.

Als Max Brod im Jahre 1939 nach Palästina übersiedelte und in Tel Aviv ansässig wurde, trafen wir uns öfter, ja ich hatte die Freude, auch an seinem Schaffen teilnehmen zu dürfen. So konnte ich ihn beispielsweise zu seinem Jesus-Roman „Der Meister" (1951) beraten und mit ihm die Stätten in Jerusalem aufsuchen, die in diesem Zusammenhang von Bedeutung sind.

Eine tiefe Freundschaft verband mich bis zu seinem Tode, 1968, mit ihm. Er gehörte zwar einer anderen Generation an als ich, aber er besaß die Leichtigkeit des Dialoges, die einen oft vergessen ließ, wieviel älter er war, ohne daß er sich einer gewollten Jugendlichkeit befleißigte. Diese große Aufgeschlossenheit, auch vom Jüngeren zu lernen, bedeutete für mich etwas überaus Beglückendes.

Max Brod verdanke ich es, daß ich nach dem Zweiten Weltkrieg den Anschluß an die deutsche Lesergemeinde wieder fand. Er vermittelte den Kontakt zum Herbert-Reich-Verlag in Hamburg, und dort erschien mein erstes Buch nach 1945: „Die Antwort des Jona – zum Gestaltwandel Israels". Max Brod gab diesem Werk ein Vorwort. Ich kann heute sagen: Dieser Dichter gehörte zu den Menschen in meinem Leben, denen ich die tiefsten Denkanstöße und das beglückende Erlebnis einer schöpferischen Persönlichkeit verdanke.

Leider wird Max Brod als Autor heute weitgehend verkannt; denn sein Einsatz für seinen Freund Franz Kafka, dessen Biographie er herausgab, verdunkelt und überschattet sein eigenes Bild.

So gäbe es wohl keinen Kafka ohne Max Brod?

Franz Kafka hatte testamentarisch festgelegt, daß sein Werk nach seinem Tode verbrannt werden müsse. Und er bestellte Max Brod zum Nachlaßverwalter, also zum Verbrenner seiner Manuskripte: Brod aber hatte bereits bei dessen Lebzeiten dem todkranken Freund gesagt: „Wenn du das willst, Franz, dann darfst du mich nicht bestellen. Ich werde das nicht tun." Kafka benannte aber trotzdem keinen anderen Nachlaßverwalter. In dieser letztwilligen Verfügung, die nicht erfüllt werden konnte, wird vielleicht etwas von der paradoxalen Haltung Kafkas deutlich.

Nun war es außerordentlich schwierig für Brod, das Werk seines Freundes herauszugeben; denn Kafka hatte sich einer Stenographie im Sinne einer Geheimschrift bedient, die nur Max Brod lesen konnte. Und so mußte er allein diese Manuskripte rekonstruieren. Es war auch fraglich, wie die Kapitel der drei Romane „Der Prozeß", „Das Schloß" und „Amerika" im einzelnen aneinanderzureihen seien.

Brod konnte alle diese Aufgaben lösen. Er gab das gesamte Werk heraus und machte durch eine umfassende Biographie das Bild Kafkas der Nachwelt deutlich.

Es gab in Tel Aviv einen sehr begabten Schriftsteller, Leo Perutz, der einmal ironisch bemerkte: „Franz Kafka ist die beste Romangestalt Max Brods." In der Tat hat Max Brod Franz Kafka auch in seinem Roman „Zauberreich der Liebe" (1928) unter dem Namen Garta dargestellt.

Der Schriftsteller litt darunter, daß seine Kafka-Deutung von den Kathederprofessoren, den offiziellen Literar-Historikern nicht akzeptiert wurde. Immer wies er darauf hin, daß Kafka kein Pessimist war, der keinerlei Auswege mehr sah. Die Hoffnung sei für ihn stets gegeben gewesen, auch wenn er einmal sagte: „Hoffnung, Hoffnung, aber nicht für uns." Brod wollte das nie so ganz hinnehmen. Er übermittelte aus der persönlichen Begegnung mit seinem Freunde Franz so viele positive Züge, die in das Bild des dämonisch-tragischen Kafka nicht hineinpaßten.

Vor allen Dingen aber sah man nicht gerne Kafka als den jüdischen Dichter, der er wohl war, ohne daß das Judentum als solches namentlich in seinem Werk vorkam. Brod aber erkannte in den Romangestalten Kafkas, beispielsweise dem Landvermesser im „Schloß", der immer wieder versucht, in seiner Umwelt heimisch zu werden, oder dem Angeklagten im „Prozeß“, der eigentlich nicht weiß, wessen er angeklagt ist und sich von einer feindlichen Macht bedroht sieht, die er gar nicht zu fassen vermag, oder in dem jungen Menschen in „Amerika“, der versucht, eine neue Heimat in einem fremden Land zu finden, gewissermaßen Masken des Juden und seines Schicksals.

Er wies auch darauf hin, daß Kafka selbst von der Absicht erfüllt war, als Pionier nach Palästina zu gehen. Er hatte fleißig Hebräisch gelernt, was die Literar-Historiker überhaupt nicht zur Kenntnis nahmen. Nach Brod hinterließ Kafka mehr hebräische Manuskripte als deutsche, nur besitzen diese keinen literarischen Wert, weil sie Schreibübungen sind.

Den Streit um Kafka, den Juden, und um Kafka, den Menschen, der durch alle Dämonie hindurch doch die Hoffnung bewahrt hat – trotz der offiziellen Literaturgeschichte –, vergleiche ich gerne mit dem Streit um Paulus und die Urapostel. Denjenigen, die Jesus „dem Fleische nach“ gekannt haben, steht ein völlig anderes Bild von ihrem Meister vor Augen als Paulus, der nur den erhöhten Herrn in seiner Vision erlebt hat. Mutatis mutandis liegt in der Kafka-Forschung etwas Ähnliches vor: Nicht Brod, der Kafka persönlich durch viele Jahre nahestand, gilt als der rechte Interpret, sondern diejenigen, die ihn nur aus seinem Werk kennen, das ihnen Max Brod übermittelt hat. Ja, sie wagten es, ihm so heftig zu widersprechen, daß sie ein Wort prägten, das für Brod geradezu verhängnisvoll erschien: „Kafkaesk“, um eine aussichtslose Situation zu charakterisieren.

Brod war ein überaus gütiger Mensch, aber wenn dieses Wort fiel, dann – um es mit Wilhelm Busch zu sagen – „ging’s ihm wider die Natur“. Dann wurde er außerordentlich ärgerlich und wies solche Äußerungen streng zurück.

Von Max Brod stammt das schöne Wort: „Was im Menschen rein und herrlich ist, bleibt unverwüstlich und ist ein Kleinod in allen Zeiten ...“

Um das zu verstehen, muß man Brods Erlebnisphilosophie kennen. Er betonte immer wieder, daß es in unserem Leben wesenhafte Erlebnisse gibt, Augenblicke, in denen wir herausgenommen sind aus der Banalität des Tages. Dann ist etwas von dem Ausruf Fausts zu spüren: „Werd' ich zum Augenblicke sagen: Verweile doch, du bist so schön ...“ Es sind diese Momente, in denen der unendliche Abstand zwischen Zeit und Ewigkeit, zwischen Diesseits und Jenseits aufgehoben ist. Was in diesen wesenhaften Erlebnissen angesprochen wird, ist das Unzerstörbare in uns, so rein und klar durch alle Trübungen hindurch.

Die Freunde Brods sagen, daß der Dichter niemals enttäuscht habe. So war wohl seine Persönlichkeit von jener Liebe durchdrungen, die er soviel besungen hat?

Sicher waren es Liebe, Freundschaft und Treue, die diesen Mann kennzeichneten. Er war immer zur Stelle, wenn man seiner bedurfte, und er besaß ein so außerordentlich gütiges Wesen, so daß er sogar in Kleinigkeiten, ganz anders als wir weniger guten Menschen, reagierte. Ich möchte das an einem kleinen Beispiel veranschaulichen: Während der Zeit des Zweiten Weltkrieges, als wir nicht ins Ausland reisen konnten, hielt Max Brod oft Vorträge in Kibbuzim, in landwirtschaftlichen Siedlungen des Landes Israel. Er bediente sich bei diesen kurzen Reisen eines kleinen Handköfferchens. Dort war eines Tages der Schlüssel steckengeblieben und ließ sich nicht mehr entfernen. Brod störte das nicht. Als ich ihn einmal besuchte, packte er sein kleines Köfferchen, und wir verließen die Wohnung. „Passen Sie auf“, sagte er zu mir, „wie gut die Menschen sind. Jedermann wird mich aufmerksam machen, daß ich vergessen habe, den Schlüssel abzuziehen.“

Wir waren noch keine 50 Schritte gegangen, da sagte eine Nachbarin: „Herr Doktor, Sie haben vergessen, den Schlüssel abzuziehen." Brod lächelte, dankte, und wir gingen weiter. Die gleiche Szene wiederholte sich mehrere Male, bis wir schließlich die Autobushaltestelle erreicht hatten ...

In Max Brod sah ich auch ein Beispiel dafür, wie man in ausweglosen Situationen dem Geiste leben kann. Er war tief betroffen von dem Schicksal der Juden in der Zeit des Holocaust; sein geliebter Bruder Otto starb im Konzentrationslager Theresienstadt. Alle diese Hiobsnachrichten warfen ihn zwar zeitweise zu Boden, aber dann wirkte in ihm die ungeheure Macht des Geistes; denn er vermochte sich aus diesen Depressionen durch schöpferische Werke zu befreien. Er versetzte sich zurück in die Geschichte und schrieb seinen „Galilei in Gefangenschaft". So bewältigte er in sich durch den Spiegel von Verfolgungszeiten anderer Epochen das Schicksal der eigenen Generation.

Schließlich wurde aus diesem Nachdenken über das Unfaßbare sein wichtiges philosophisches Werk „Diesseits und Jenseits", das dann in zweiter Ausgabe unter dem Titel „Das Unzerstörbare" und „Von der Unsterblichkeit der Seele" in zwei Bänden erschien. Darin gab Max Brod eine neue anthropologische Definition: Die Welt ist der Kampf aller gegen alle. Der Stärkere zerstört den Schwächeren. Dem Menschen aber ist als einzigem Wesen die Durchbrechung der Kausalstruktur (DSC) zu eigen, nämlich durch die Liebe. Durch diese Antwort des Geistes auf die Zerstörung, den Mord, die Vernichtung, war es Max Brod möglich, nach all den Schlägen, die er empfangen hatte, wieder frei zu atmen und das Gute zu erkennen, wenn es auch von der Macht des Bösen durch viele Jahre hindurch verdunkelt war.

Wagnis des Glaubens

Herr Ben-Chorin, wir sprachen schon davon, daß es in entscheidenden Augenblicken des Lebens darauf ankommt, auf die innere Stimme zu hören. Was bedeutet für Sie diese Stimme?

Ich kann diese Frage wahrscheinlich nicht erschöpfend beantworten; denn ich habe kein Tagebuch geführt, um diese Stunden der Entscheidung festzuhalten. Ich habe auch keine Erinnerungen im Sinne des Augustinus, der davon berichtet, wie die Stimme eines Kindes zu ihm sagte: „Nimm und lies!" Augustinus griff nach der Bibel und las. Es war ein Augenblick, der sein Leben grundlegend veränderte.

Ich kann nur sagen, daß ich immer dann, wenn ich mit meinem Latein am Ende war und nicht mehr wußte, wie ich mich entscheiden sollte, daß ich dann versuchte, auf die innere Stimme zu hören. Das ist allerdings kein leichtes Unterfangen, denn wir haben es verlernt, zwischen den Stimmen der Zeit auf die Stimme feinen Schweigens zu lauschen. Es ging mir dabei nicht so sehr darum, mich selbst zu hören, sondern Gott, der zu mir reden kann.

Gelingt uns tatsächlich dieser Schritt, dann treten wir ein in das Gebet, das seinem Wesen nach der Versuch des Dialogs mit Gott ist. Durch das Wort der Offenbarung, wie es uns in der Heiligen Schrift überkommen ist, sind wir angeredet von Gott. Wir können von uns aus antworten und hoffen, wiederum eine Antwort zu erhalten. Die jüdische Liturgie drückt das in einer Litanei so aus: „Antworte mir, Herr, antworte mir!" Dasselbe finden wir in einer Litanei der katholischen Kirche, wo um dieses Erhören gebetet wird. Erhören und antworten sind zwar nicht genau dasselbe, aber einander sehr ähnlich.

Solch eine Antwort erhielt ich am Wendepunkt meines Lebens: Es war im Jahre 1934, als ich in der Zeit schwerer Bedrängnis mutterseelenallein als junger Mann von 21 Jahren in München verblieben war. Meine einzige Schwester befand sich bereits als Emigrantin in Argentinien, meine Eltern lebten nicht mehr. Ich sah nun die Aufgabe vor mir, mich möglichst bald aus dem Dritten Reich abzusetzen, das mir persönlich schon schwer mitgespielt hatte; denn ich war mehrfach verhaftet und mißhandelt worden. Da erhielt ich von meiner Schwester aus Argentinien ein Visum und eine Schiffskarte, die es mir leicht machten, nach Buenos Aires auszuwandern.

Und hier sprach nun tatsächlich eine Stimme zu mir. Sie sagte ganz klar: „Das ist nicht dein Weg!“ Es war die Stimme einer Bekannten, nicht einmal eine Jüdin. „Wenn du das sichere Gefühl hast, daß dein Weg dich nach Jerusalem, in das Land deiner Herkunft führt, wohin dich der Kompaß des Herzens weist, dann folge diesem Kompaß!“

In der Tat sandte ich die Schiffskarte und das Visum zurück. Ich vertraute auf diese Stimme. Auch wenn meine Einwanderung damals keine legale war und nicht den momentanen Vorschriften einer englischen Verwaltungsbehörde entsprach, so war sie doch wohl in einem höheren Sinne gerechtfertigt.

Vielleicht noch ein anderes Beispiel: Im Zweiten Weltkrieg waren die Nachrichten, die uns in Jerusalem erreichten, niederschmetternd. Erst der Anschluß Österreichs, dann der Einmarsch der Deutschen in die Tschechoslowakei, die Nachricht vom Fall von Paris, ein deutscher Sieg nach dem anderen und schließlich Rommel in Afrika. Wäre der so berühmte Feldmarschall durchgebrochen, so hätte dies das Ende der jüdischen Existenz in Palästina bedeutet.

Damals erreichte mich ein Brief von Leonard Ragaz, des Führers der religiösen Sozialisten in der Schweiz. Ragaz war ein lebendiger Christ. Er hatte seine Professur und sein Amt als Prediger am Fraumünster in Zürich niedergelegt, um mit den Arbeitern in einem Proletarierviertel ihr Schicksal zu teilen. Dieser Mann, zu dem ich durch Martin Buber kam, schrieb mir damals: „Was immer sich auch ereignen mag, die Hakenkreuzfahne wird über Zion nicht wehen."

Ich erinnere mich, daß mein verehrter Freund Max Brod in jener schweren Zeit immer eine Ampulle mit Gift bei sich trug; denn er wollte den Nazis nicht lebend in die Hände fallen. Ich aber trug diesen Brief von Leonard Ragaz bei mir. Er war für mich wie ein Talisman, eine Versicherung: das kann nicht geschehen!

Eine andere Situation, in der ich dieses Vertrauen auf „die Stimme" so stark empfand, spielte sich in der Zeit der Belagerung Jerusalems 1947/48 ab. Wir waren von der Umwelt völlig abgeschnitten, hatten keine ausreichende Menge an Wasser mehr, nicht genügend Nahrungsmittel. Es war eine schwere Zeit, aber ich zweifelte keinen Augenblick daran, daß wir durchkommen würden. Eine tiefe Sicherheit spürte ich in mir. Ich bin weit davon entfernt, ein heroischer Mensch zu sein. Das habe ich mir nie eingeredet und auch meiner Umwelt nicht etwa vorzuspielen versucht. Oft fürchtete ich mich sehr, wenn wir unter starkem Beschuß standen. Und ich glaube, nur ein dummer, ein fantasieloser Mensch fürchtet sich nicht; einer, der sich gar nicht vorstellen kann, daß die Situation noch schlimmer wird. Jedoch aus einer inneren, großen Ruhe heraus sagte ich mir: „Jerusalem wird" – wie es der Prophet Sacharja sagt – „an seinem Platz zu Jerusalem bleiben".

Dieses Vertrauen in die Dauerkraft Jerusalems hat sich am Vorabend des Sechs-Tage-Krieges 1967 noch einmal klar wiederholt. Da besuchte mich eine Pastorin aus Deutschland. Ich sagte ihr sehr besorgt: „Krieg liegt in der Luft. Man riecht es gleichsam." – „Was meinen Sie denn, wie es weitergehen wird?" fragte sie. „Ich habe in der Zeit der Belagerung 1947/48 ein Plakat gerettet und unter Glas und Rahmen aufbewahrt", erwiderte ich. „Und auf diesem Plakat steht ein Wort aus dem 12. Kapitel des Propheten Sacharja: ‚Siehe, ich will Jerusalem zu einem Laststein machen für alle Völker. Alle, die es hinwegheben wollen, sollen sich daran wund reißen.'" Ich führte die Pastorin vor dieses Plakat und erklärte ihr: „Sehen Sie, das ist meine Antwort. Daran habe ich 1948 geglaubt, und ich werde auch jetzt daran glauben; denn das Wort unseres Gottes besteht ewiglich."

In einer Nacht wurden wir furchtbar beschossen. Als ich am Morgen zitternd nach diesen fast schlaflosen Stunden aufstand, sagte ich mir: „Jetzt soll's ein Zeichen sein. Wenn dieser Sacharja-Spruch nicht heruntergefallen und das Glas nicht zerbrochen ist, dann sind wir durch das Schlimmste hindurch." Der Spruch hing an der Wand, das Glas war nicht geborsten, und wir waren tatsächlich gerettet.

Das sind kleine Episoden, die aber doch für mein Leben entscheidend blieben. Ich habe oft den Eindruck einer großen Hand hinter der Welt. Manchmal erlebe ich, was man Koinzidenz nennt: das Zusammenfallen zweier Ereignisse, die nach den Begriffen der Kausalität nichts miteinander zu tun haben, aber nun eine besondere Bedeutung im Augenblick des Erlebens bieten. Da kann es sein, daß ich seit vielen Jahren von einem Menschen nicht mehr gesprochen habe. Plötzlich steht er mir geistig vor Augen, und am nächsten Tag erhalte ich einen Brief von ihm.

Sicherlich ergeht es vielen Menschen so. Vielleicht achten sie nicht darauf. Ich tue es jedenfalls und habe dabei den Eindruck, daß die unsichtbare Hand einen Vorhang wegzieht und eine Stimme mir sagt: „Siehst du, alles wird geleitet, alles ist vorgesehen, und du stehst auf der Bühne und weißt es gar nicht, daß der Regisseur die Anweisungen gibt." Das sind ganz kurze Augenblicke, dann senkt sich wieder der Vorhang über der Szene. Aber dieses Bewußtsein, geführt zu werden, das die Entscheidungskraft *nicht* aufhebt, trägt mich, hat mich in vielen schweren Stunden gehalten; Stunden der Krankheit, der Operationen, die ich über mich ergehen lassen mußte; Stunden der Einsamkeit, des Abschieds, und auch dort, wo wir mit der großen Frage nach dem Sinn des Lebens stehen, auf Friedhöfen, die den Rest derer bergen, die uns nahe und lieb waren. Immer wieder das Bewußtsein: Du wirst geführt.

Sie haben sich einen Satz von Angelus Silesius zu eigen gemacht: „Wer Gott will gleiche sein, muß allem ungleich werden."

Dieses Wort habe ich bereits in meiner Jugend als eine Art Leitspruch im Leben erfahren. Er meint, daß man sich nicht einfach in alle Konventionen einfügen kann, sondern den immer tragischen Versuch der imitatio Dei unternehmen soll – ich sage tragisch, weil wir ja nie in der Lage sind, Gott wirklich nachzuahmen. Es ist immer wieder das Stammeln eines kleinen Kindes, das der Rede des Vaters folgen will. Aber wenn wir diesen Versuch in unserem Leben wagen, dann kommen wir mit unserer Umwelt in Konflikt, manchmal auch mit der religiösen; denn ihre Maximen haben sich oft in einer Weise verhärtet und verkrustet, daß sich für den unmittelbaren Weg zu Gott gar nicht so leicht ein Tor öffnet.

Gerade über die tragische Entwicklung der Religionen habe ich mir in meinem Leben viele Gedanken gemacht. Gott fragt den ersten Menschen „Wo bist du?" Aber nicht Adam, sondern erst Abraham antwortet ihm: „Hier bin ich."

Mit der Religion verhält es sich ähnlich wie mit dem Menschen. Wie schön kann er in seiner Jugend sein und wie häßlich im Alter: verrunzelt, gebückt, lahmend, zahnlos. In jugendlichem Ungestüm beginnt die Geschichte unseres Glaubens mit Abraham, der aus den Sicherungen heraustritt in das Abenteuer mit dem unbekannten Gott. Daraus wird eine Religion, die kleinlich rechnet, logisch argumentiert, mechanisch reproduziert.

Noch einmal ein kühner Neubeginn mit Jesus von Nazareth. Wieder werden alle Bindungen gelöst, Bande der Gesetzlichkeit, der Familie, der Sorge um wirtschaftliche Sicherheit. Und was wird daraus? Eine ungeheuerliche Organisation – oder mehrere – mit Hierarchien, Sicherungen aller Art, Regeln und Gesetzen. Die Religionen sind alt geworden, der Glaube kann jung bleiben.

Trotz dieser Erkenntnis bin ich nicht so weit gegangen wie mein verehrter Lehrer Martin Buber, der die Formen der organisierten Religionen völlig für sich abgelehnt hat. Auch Max Brod praktizierte kein rituelles Judentum. Aber eines ist klar: die Routine kann wie ein Wurm im Baum des Glaubens nisten und ihm die Lebenskraft rauben. Andererseits ist mir auch bewußt, daß nur ganz außergewöhnliche Menschen in der Lage sind, ohne jede feste Form ein Glaubensleben zu führen. Ich selbst würde mir das nicht zutrauen, und vor allen Dingen ist es auch nicht möglich, Kinder ohne jede Form zum Glauben zu erziehen oder eine Familie, ein Haus im Sinne einer Glaubenshaltung zu führen, ohne irgendwelche Symbole, Zeichen, Bräuche einzuhalten.

Es kommt aber darauf an, daß wir dieses Brauchtum in der richtigen Relation sehen. Dort, wo sich die Tradition verselbständigt, wo sie um ihrer selbst willen geübt wird und keiner echten Sinnhaftigkeit mehr bedarf, wird sie zur Leerform. Es kommt darauf an, daß Tradition immer wieder mit lebendigem Glauben gefüllt wird. Dabei gilt es, das richtige Gleichgewicht zu halten: Nicht ein zur Routine erstarrter Traditionalismus, aber auch kein religiöser Anarchismus, der auf jede Form verzichtet. Form und Norm sind wichtig, so lange sie Gefäße des lebendigen Glaubens sein können und mir und den Menschen meiner Umwelt helfen, das Glaubensgut an die kommende Generation weiterzugeben. Das ist ein Versuch, der ein ganzes Leben lang andauert.

So sind es wohl Herkunft und Wandlung, die zu einem großen Teil den Menschen ausmachen?

Herkunft und Wandlung sind die Pole unseres Daseins. Ein Mensch, der sich seiner Herkunft nicht bewußt ist oder nicht bewußt sein will, verliert sehr oft die Wurzeln und wird ein „Luftmensch". Mir sind zum Beispiel jene Juden sehr unsympathisch, die ihre Herkunft möglichst unter den Teppich kehren wollen und ihr Judentum in sich verdrängen. Allerdings sind auch jene jüdischen Zeitgenossen ein Problem, die hier im Lande Israel etwa ihre deutsche Herkunft völlig verschweigen und versuchen, ihre Kindheit und Jugend im Land ihrer Geburt auszulöschen.

Ich persönlich versuchte in Israel, in die neue Wirklichkeit hineinzuwachsen, mich zu wandeln und wollte dieser Wandlung sogar mit meinem hebräischen Namen Ausdruck geben. Dabei ist mir ein Wort Stefan Georges wesentlich geworden: „Und Herr der Zukunft, wer sich wandeln kann."

Ich versuchte mich zu wandeln, blieb mir aber meiner Herkunft immer voll bewußt.

Woher ich letztlich komme, wohin ich letztlich gehe, das weiß allerdings nur ein Höherer. Doch möchte ich auf jeden Fall Herkunft und Wandlung sichtbar in mein Leben hineinstellen. Nur der Mensch, der sich über sein eigenes Ich Klarheit verschaffen will – natürlich sind wir nicht immer in der Lage, das ganz zu tun – aber wer es wenigstens versucht, kann auch zu einem echten Du für den anderen werden.

Wenn wir Menschen also, wie Sie sagen, den Anfang und das Ziel unseres Daseins nicht kennen, was ist es dann, das Sie in dieser Unsicherheit trägt?

Es ist letztlich das „Wagnis des Glaubens"*; und das heißt, sich auf das vollkommen Unselbstverständlichste der Welt

---

* Die Formulierung „Das Wagnis des Glaubens" stammt von Moses Calvary, der 1942 in Jerusalem eine Schrift unter diesem Titel publizierte.

(Foto: Ernst Vogt, Bremen)

Schalom Ben-Chorin im Sommer 1983 in Jerusalem vor dem Hause der ehemaligen Wohnsiedlungen des „Syrischen Waisenhauses" aus dem Ende des 19. Jahrhunderts von Pastor Ludwig Schneller. Das Haus trägt die Aufschrift „München", weil es von Freunden Schnellers aus München gespendet wurde. Für Ben-Chorin gewann dieses Haus, in nächster Nähe seiner Wohnung in Jerusalem-Romema, gleichsam symbolische Bedeutung, da es seine beiden Heimatstädte, München und Jerusalem, miteinander verbindet.

einzulassen. Viele Menschen geben sich dem Irrtum hin, der Glaube sei etwas Selbstverständliches. Man habe ihn uns in die Wiege gelegt, und wir gingen mit ihm aus diesem Leben, so wie es von den amtlichen Verwaltern des Glaubens vorgesehen ist. Der Glaube, den ich meine, wird nur im Ringen mit Gott erworben, so wie es die Bibel von Jakob berichtet.

Unsere Welt ist nicht ohne weiteres durch den Glauben zu erkennen. Vielmehr ist das Gegenteil der Fall. Wie können wir in einer Welt des Hasses und der Kriege von einem allgütigen Vater sprechen, der die Welt in Barmherzigkeit und Liebe regiert? Es sieht doch alles ganz anders aus. Und wenn ich trotzdem durch alle diese Fährnisse hindurch immer wieder die Hand Gottes ergreifen kann, um ihm zu sagen: „Ich lasse dich nicht, du segnetest mich denn“, dann gelange ich in den Bereich des Glaubens, der als das äußerste Wagnis empfunden wird.

Der Glaube ist kein sanftes Ruhekissen, er ist genau das Gegenteil. Für einen glaubenslosen Menschen ist die Welt viel einfacher. Sie ist wie sie ist: ziellos, man kann gar nicht nach einem Sinn in ihr suchen. Deshalb gibt es keine Fragen. Aber der Mensch, der die Gewißheit vom Sein Gottes in seinem eigenen Sein trägt, der wird immer wieder mit der Frage der Theodizee, der Rechtfertigung Gottes angesichts der Übel dieser Welt konfrontiert. Und für unsere Generation, die im Hintergrund die Krematorien von Auschwitz brennen sieht, hat sich diese Frage in einer ungeheuren Weise vertieft.

Nur in der dialektischen Auseinandersetzung zwischen Glaube und Unglaube ist es möglich, immer wieder zu Glaubenspositionen vorzustoßen, die überschattet werden von den Fragen, auf die wir keine Antwort haben. Es mag sein, daß manche Theologen darauf erwidern, dies sei doch ein gar unzulänglicher Glaube. Vielleicht haben sie recht, aber ich bin nicht in der Lage, mehr zu bekennen als ich erkenne. Nur dort, wo ich eine Glaubensformel mit eigenem erlebten Glauben füllen kann, hat sie für mich mehr als historische

Bedeutung. Das führt sicher zu einer Subjektivität. Aber ich meine, der Glaube ist ein Vorgang in der Intimsphäre der Seele und kann deshalb nicht objektiv zur Darstellung gelangen, weil das bereits schon eine Verzerrung wäre.

So müssen wir uns mit dem Stückwerk des Glaubens begnügen. Mehr als wir durch unser Leben verwirklichen können, sollen und dürfen wir nicht bekennen; denn ein leeres Lippenbekenntnis kann eine sublime Art von Götzendienst werden, weil wir allzu leicht der Gefahr erliegen, nicht nur Bilder, auch Formeln anzubeten.

Sicherlich, ich bin immer wieder von Kleingläubigkeit angefochten. Aber ich möchte hinzufügen, daß ich mir einen Glauben ohne die Bedrohung des Unglaubens gar nicht vorstellen kann. Der Unglaube ist der Schatten des Glaubens. Und dieser Schatten steht immer wieder hinter uns. Johannes vom Kreuz spricht in diesem Zusammenhang von der Nacht der Seele. Jeder um den Glauben bemühte Mensch wird diese Dunkelheit durchstehen müssen.

Doch ich durfte in meinem Leben erfahren, daß ich immer wieder durch diese Nächte der Angst, der Bedrohung, der Unsicherheit und der Verzweiflung hindurchgeführt wurde zu einer neuen Zuversicht. Und das ist es, was mir die Kraft gibt, weiter zu arbeiten, zu hoffen, zu glauben und weiter zu lieben.

So hat also ein erlebter Glaube sehr viel mit Vertrauen zu tun, das nicht ständig nach Beweisen fragt?

Das hebräische Wort für Glaube „Emuna“ bedeutet schlechthin Vertrauen in Gott. Es ist nicht ein Festhalten an bestimmten theologischen Formulierungen, sondern das existentielle Sich-Ausliefern in die Hände des lebendigen Gottes. Genau dies ist die Haltung Abrahams, des Vaters des Glaubens, der einfach sagt: „Herr, hier bin ich.“ Und er ist auch ein Beispiel gerade für uns, weil er in vielen Situationen ein schwacher Mensch war. Was sollen wir zu Abraham sagen, wenn er seine Magd Hagar mit ihrem Sohn Ismael in die Wüste hinaustreibt und so der Eifersucht seiner Frau Sara Raum gibt? Was sollen wir zu Abraham sagen, der diese Sara, die offensichtlich eine sehr schöne Frau war, sowohl an den Pharao von Ägypten wie an den König der Philister gewissermaßen ausleiht und sogar davon noch Nutzen hat? Keine sehr gentlemanlike Haltung; und auch ethisch in keiner Weise hochzuschätzen.

Ich betrachte es als etwas Großartiges, daß in der Bibel solche Schwächen dargestellt werden. Wir sehen es ja auch bei David in der Episode mit Bathseba und Uria, wo sich der König einfach seinen sexuellen Wünschen hemmungslos überläßt und nicht nur Ehebruch, sondern auch Mord dabei begeht. Und das ist der „Gesalbte Gottes". Wenn ich solche Beispiele sehe, so richtet mich das eher wieder auf. Sie waren alle keine vollkommenen Heiligen, weil es diese überhaupt nicht gibt. Wir alle sind anfällig, aber wenn wir durch diese Anfälligkeit hindurch immer wieder einen Neuanfang zu einem Leben im Glauben machen, dann dürfen wir uns auch der Hoffnung hingeben, daß wir weiter getragen werden in dem Bemühen, zu Gott zurückzukehren.

Martin Buber hat mit Recht gesagt: „Es ist die Sünde des Menschen, daß er umkehren kann und es nicht tut." Es ist natürlich sehr schwer, von einem einmal eingeschlagenen Weg umzukehren, wenn wir ihn als unrichtig erkannt haben. Und je älter man wird, desto schwerer scheint es mir umzukehren; denn es kommt ein heimlicher Feind des Glaubens hinzu: die Gewohnheit. Wir sind an etwas gewöhnt, dann bleiben wir eben dabei, auch wenn es uns im Innersten klar ist, daß wir eine andere Richtung einschlagen müßten. Sich stets zu erneuern, immer wieder einen Weg ins Freie zu finden, das ist die eigentliche Aufgabe des Glaubens, der wir nur selten gerecht werden.

Sie sagten einmal, die Frage nach der eigenen Identität, wer bin ich, habe Sie seit Ihrer Kindheit nie mehr losgelassen. Haben Sie in der Lebensspanne von sieben Jahrzehnten eine Antwort darauf gefunden?

Sobald ein Mensch eine völlig zufriedenstellende Antwort auf diese Frage erhält, ist er am Ende seines Weges angelangt. Vielleicht werde ich in meiner letzten Stunde erkennen, wenn ich noch bei Bewußtsein bin, wer ich war. Sicher weiß ich, daß ich ein Kind Gottes bin, sicher weiß ich, daß ich ein Vater meiner Kinder bin, sicher weiß ich, daß ich ein immer wieder versagender Mitmensch meiner Mitmenschen bin. Das alles ist mir klar, und doch spüre ich, daß dies keine umfassende Antwort ist. Deshalb muß ich mir immer wieder diese Frage stellen. In den jeweiligen Augenblicken, Stunden, Stationen meines Lebens werde ich darauf verschiedene Antworten geben müssen; denn jedes Mal bin ich ein anderer. Es ist ähnlich wie bei einer Statue, die im Dunkel steht und angestrahlt wird: Einmal sehen wir das Antlitz, einmal die Hände, einmal die Füße. Jeweils wird ein Teil unserer Existenz beleuchtet und ein Stück erscheint uns klarer. Wir erleben die Paradoxie unseres Daseins und sind dennoch dieselben, bis sich endlich der Vorhang auftut und wir überflutet werden von der Fülle des Lichts.

Heimat ist anderswo

Deutsche Schriftsteller in Israel
Erzählungen und Gedichte
Herausgegeben von Alice Schwarz-Gardos
Vorwort von Martin Gregor-Dellin

Band 1064, 192 Seiten

Im Vordergrund steht das Schicksal der „Jekkes“, der aus Deutschland nach Palästina ausgewanderten Juden. Die Schriftsteller unter ihnen waren und sind im mehrfachen Sinn Exilanten: ausgetrieben aus ihrer deutschen Sprachheimat, eingewandert in ein Land, in dem das Medium ihrer Kunst, die deutsche Sprache, verpönt war, und im Alter nicht nur vom Sterben, sondern vom Aussterben bedroht.
In der Einleitung beschreibt Alice Schwarz-Gardos die Einsamkeit der „jekkischen“ Schriftsteller in Israel. Aber selbst noch in ihrem rückblickenden Essay macht sich der Zwiespalt, der das ganze Buch durchzieht, bemerkbar: zwischen der deutschen Sprachwelt, an der diese Schriftsteller als ihrer geistigen Grundlage festhalten mußten, und der Loyalität zum neuen Land, das unerbittlicher als jede andere Zufluchtsstätte völlige Angleichung an seine Kultur forderte.
Sonderbar, aber zwangsläufig verschränken sich, an Heines Doppeltraum von der Fichte und der Palme gemahnend, Erinnerungen an Deutschland und die Schrecken der Auswanderungszeit mit Beschreibungen von Immigrantenschicksalen, Bildern palästinensischer Landschaften, des Lebens und Treibens in Jerusalem und Schilderungen aus dem Kibbuz. Das Autobiographische herrscht vor. Werner Bukofzer gedenkt seines „Abschiedes von der Mutter“; Schalom Ben-Chorin erzählt von seinen Besuchen der elterlichen Wohnung nach dem Krieg und besingt sein gespaltenes Verhältnis zu seiner Heimatstadt München sogar in Gedichtform.
Die hier versammelten Skizzen, Reminiszenzen, Reportagen, Vignetten, Gedichte, Kurz- und Kürzestgeschichten können – und wollen wohl auch – nicht den Anspruch auf künstlerische Bedeutsamkeit erheben. Aber Literatur hat ja vielerlei Aufgaben, nicht zuletzt die der Information, des emotionalen oder ethischen Appells, der historischen Evokation. Und auf diesem Gebiet liegt zweifellos der Wert der Anthologie. Seine zentrale Aussage könnte, in Abwandlung eines Diktums von Hugo von Hofmannthal, so umschrieben werden: Gebt Zeugnis, wir waren da, wenngleich uns niemand mehr kennt.

Frankfurter Allgemeine Zeitung